DEFENSE
DE
LA RELIGION
CHRETIENNE,
ET DE
L'ECRITURE SAINTE,
CONTRE
LES DEISTES.

A PARIS,
Chez ESTIENNE LUCAS, Marchand
Libraire, ruë Chartiere, prés le
Puits-Certain, à la Bible d'Or.

M. DC. LXXXI.
Avec Permission.

A

MONSIEUR

DE RUVIGNY,

CONSEILLER DU ROY dans tous ſes Conſeils, Lieutenant Général de ſes Armées, &c.

MONSIEUR,

J'AY balancé quelque-temps dans la réſolution de

vous présenter cét Ouvrage. Ce n'est pas que je ne fusse trés persuadé de vôtre bonté; que je n'eusse toute la vénération possible pour un mérite aussi extraordinaire que le vôtre; & que je ne sceusse, qu'il me seroit inutile de chercher ailleurs un Protecteur plus judicieux, plus éclairé, plus illustre, & en mesme temps plus obligeant que vous. Mais, MONSIEUR, je ne croyois pas que mon travail méritast de vous estre offert; & je doûtois qu'une simple Traduction fust un présent digne de vous.

Cependant, puisque vous

avez donné vôtre approbation à ce travail, avant qu'il paruſt au jour ; je vous ſupplie tres-humblement de luy accorder vôtre protection. I'oſe d'autant plus me la promettre, MONSIEVR, qu'en vous donnant des marques de ma ſoûmiſſion, je fais quelque choſe pour vôtre gloire. Ie remets entre vos mains la Dèfenſe de la Religion Chrêtienne : *& quoy qu'il en ſoit, ce vous doit eſtre une aſſez grande ſatisfaction, que l'Evangile triomphe, ſous vos auſpices, d'une malheureuſe ſorte de gens, qui n'eſt à* *présent que trop connuë, & que trop commune.*

Le Christianisme, bien qu'établi dans le monde depuis plusieurs siécles, ne laisse pas d'avoir continuellement des ennemis à combattre. Les uns attaquent des points particuliers de la Doctrine Chrêtienne. D'autres vont plus loin, & s'efforcent d'en sapper les fondemens. Ces derniers sont, ce qu'on appelle, Deïstes; des gens, qui n'osant se déclarer pour l'Atheïsme, prennent un parti, qui ne s'en éloigne guéres Ne pouvant détruire l'existence d'un Dieu, il tâchent au moins d'étouffer ces sentimens de vénération, que toutes les Créatures raisonnables ont pour la Divinité. Car enfin, à quoy nous sert-il de sçavoir qu'il y a un Dieu, si nous ignorons de quelle maniére il le faut servir, & s'il est hors de son pouvoir de se manifester à nous.

C'a esté dans le dessein de renverser des principes si pernicieux, que le sçavant M. Stillingfleet a entrepris la Défense de la Religion Chrêtienne. Je ne vous diray rien à sa loûange. Vous sçavez, MONSIEVR, qui il eſt. Il s'eſt rendu aſſez célébre par d'autres Ecrits, & ne peut eſtre inconnu qu'à des perſonnes, dont les connoiſſances ſeroient renfermées dans la ſeule étenduë de leur païs.

C'eſt ce meſme Ouvrage, que je prends la liberté de vous offrir en noſtre langue. A vous, MONSIEVR, *qui avez toûjours témoigné tant de paſſion pour la Religion Chrêtienne. Car je détache cette qualité de toutes vos autres perfections; & je n'entreprends ni vôtre Eloge, ni vôtre Portrait. Ie n'ay garde de parler de vôtre zéle*

& de vôtre empressement pour les intérests du Roy, de ces services rendus à l'Estat en des Négociations importantes, de cette justesse de discernement qui paroist en vous, de vôtre amour pour les belles choses, & de ces lumiéres que l'âge & l'expérience ont confirmées plûtost qu'ils ne les ont produites. Vn dessein de cette nature passeroit mes forces. Ainsi tout ce que je dois faire, est de vous prier, MONSIEVR, d'estre persuadé, que l'on ne sçauroit auoir pour vous, plus de respect, que j'en ay; Que la plus grande satisfaction à

laquelle je prétende, eſt d'avoir un peu de part en l'honneur de vos bonnes graces ; & que je ſuis avec tout l'attachement imaginable,

MONSIEVR,

Voſtre tres-humble, & tres-obeïſſant Serviteur,
J. B. DE ROSEMOND.

Avertissement.

LE Traité ſuivant a eſté écrit pour répondre aux Objections d'une perſonne, qui reconnoiſſoit, à la vérité, l'exiſtence & la Providence de Dieu, mais n'avoit que peu d'eſtime pour l'Ecriture Sainte, & ne pouvoit croire, que la Religion Chrêtienne fuſt de Dieu. Il ſe trouve dans le monde aſſez de gens de ce caractére. On regarde en général toutes ſortes de Religions, comme un joug inſuportable, ſous lequel les Paſſions gémiſſent. On ſeroit bien-aiſe d'eſtre abandonné à ſoy-meſme, de pouvoir ſuivre aveuglément ſes deſirs, & de n'avoir à rendre aucun compte de ſes actions. Mais comme il eſt impoſſible d'en venir là, tant qu'il y aura une Religion Révélée, on tâche de la faire paſſer pour abſurde.

C'eſt ce qu'entreprennent les Deïſtes. Toutes leurs penſées ne tendent qu'à détruire l'autorité de l'Ecriture. Il n'y a rien qu'ils n'avancent pour la convaincre de contradiction, de fauſſeté, & d'imperfection.. Ils en épluchent, pour ainſi dire, les endroits les plus difficiles, les plus obſcurs, & les plus embaraſſez; & ne les joignent enſemble, que pour la rendre monſtrueuſe. Enſuite, ils abondent dans leur propre ſens. Ils triomphent par avance, comme si la victoire leur estoit seure.

Mais il est bien plus facile de les réfuter, qu'ils ne le croyent; & toutes leurs Objections paroîtront foibles, d'abord qu'on les voudra mettre en leur jour. Cela se peut voir dans l'Ouvrage, que je donne icy au public, en nôtre Langue. Un Deïste mesme ayant envoyé ses Objections à Monsieur Stillingfleet, & l'ayant sollicité d'y répondre; ce sçavant Homme résolut de le faire avec toute la netteté, aussi bien qu'avec toute la force possible.

Dans cette veuë, il pose premiérement des principes, dont les Deïstes n'oseroient disconvenir; comme *l'existence d'un Estre souverainement parfait*;

& absolument indépendant : La *création & la conduite du monde* par cet Estre souverain: La *pureté & la sainteté de Dieu* : Ses *intentions*, que nous l'adorions, & que nous vivions saintement : Sa *bonté*, en ce qu'il veut bien nous pardonner nos pechez, lors que nôtre repentance les suit : Sa *justice*, par laquelle il a établi un estat de peines & de récompenses en l'autre monde ; & enfin l'*excellence* de la Morale Chrêtienne.

Ces principes établis, Monsieur Stillingfleet réduit à deux Chefs, ou à deux Questions, toutes les choses qui partagent les Chrêtiens & les Deïstes. La premiére de ces questions est, *Si les faits qui sont rapportez dans le Nouveau Testa-*

ment, ſont aſſez certains. La ſeconde, *s'ils prouvent ſuffiſamment la divinité de la Doctrine Chrêtienne.*

Pour faire voir la certitude de ces faits, il nous propoſe trois poincts. 1°. Que des choſes de fait, qui ſe ſont paſſées en un temps fort éloigné de nôtre ſiécle, peuvent néanmoins avoir des preuves ſi manifeſtes, que l'on ſera convaincu de la vérité de ces choſes. 2°. Qu'il n'y a point de juſte raiſon de doûter des choſes, qui ſont contenuës dans le Nouveau Teſtament. 3°. Que les Apôtres ont donné autant de preuves de leur bonne foy, que l'on pouvoit en attendre d'eux; & que jamais aucune choſe de fait n'a eſté, ni mieux circonſtanciée, ni plus ſolidement établie, que le ſont celles qu'ils nous rapportent.

Dans le premier de ces Poincts, il ne demande qu'u- foy hiſtorique; & montre, que ſi l'on doûte des choſes de fait qui ſont rapportées dans le Nouveau Teſtament, on doit à bien plus forte raiſon doûter de tout ce quinous eſt rapporté dans les Hiſtoires anciennes, & meſme modernes.

Dans le ſecond, il éxplique les circonſtances, qui doivent accompagner un témoignage, avant qu'il mérite d'eſtre receu; & fait voir, que toutes ces circonſtances ſe trouvent avantageuſement dans le témoignage des Apôtres.

Dans le troiſiéme, il donne des preuves formelles; au lieu que dans les deux autres, il n'avoit n'avoit fait que travailler à dissiper les soupçons.

Il passe ensuite aux Objections du Deïste. Il y en a trois Classes.

1°. Celle des Contradictions. M. Stillingfleet examine en particulier la contradiction prétenduë entre les passages, qui parlent du séjour des Israëlites en Egypte, & l'éclaircit parfaitement bien.

Il joint à cela quelques réflexions ; Par exemple, Que souvent des ignorans, ou des esprits prévenus, condamnent comme entiérement opposées, des choses qui cessent de le paroître, d'abord qu'on les examine sans passion. Qu'il faut regarder en quoy consiste la contradiction ; si c'est en des choses essentielles, ou en de ſimples circonſtances de temps & de lieu. Qu'on doit s'informer de quelle maniére des perſonnes éclairées ont réconcilié les paſſages, qui ſemblent contradictoires.

2°. Celle des Loix déraiſonnables, au ſens des Deïſtes. Telle eſt la ſuppoſition, qu'un homme vendra ſa fille, Exod. Chap. 21 ℣. 7. L'épreuve des Vierges, Deuter. Ch. 22. ℣. 13. L'Eau de Jalouſie, Nomb. Chap. 5. ℣. 12. La Défenſe de preſter à intéreſt, Deuter. Chap. 23. ℣ 19. & 20. M. Stillingfleet les juſtifie toutes.

3°. Celle des Paſſages, qui paroiſſent odieux : Comme le paſſage de Moïſe, *Efface moy de ton Livre*, Exod. Chap. 32. ℣. 32. L'Hiſtoire de Ruth. Le Paſſage de Samüel, l. 2. Ch.

12. ℣. 8. où le Deïſte prétend que l'Inceſte & l'Adultére ſont autoriſez : Le Paſſage du Prophéte Oſée, qui épouſe une femme adultére. M. Stillingfleet explique tres-bien ces Paſſages, & fait voir que bien loin d'eſtre odieux, ils ſont tout à fait raiſonnables.

Il joint à cela deux mots, ſur la diſcontinuation des Miracles. Voila en gros tout ce que contient le Livre de M. Stillingfleet. Le plan que j'en donne, ſuffit, ce me ſemble, pour en faire concevoir une idée, qui ait du rapport au mérite de l'Auteur. Pour ce qui me regarde, je ne voy pas qu'il ſoit néceſſaire de juſtifier ma Traduction. J'ay ſuivy le ſens de l'Original. Je l'ay expliqué dans les endroits, qui m'ont paru trop ſerrez. Il ſeroit à ſouhaiter ſeulement, qu'un autre que moy euſt bien voulu ſe donner la peine de faire parler M. Stillingfleet en noſtre Langue, auſſi poliment qu'il parle en la ſienne. Quoy qu'il en ſoit, j'auray ſujet d'eſtre ſatisfait de mon travail, s'il peut eſtre de quelque utilité aux gens de bien.

LETTRE

A une Personne, qui n'estoit pas persuadée de la vérité de l'Ecriture Sainte, & de la divinité de son origine.

JE ne prétens point, MONSIEUR, passer pour un homme fort versé dans les profondeurs de la Théologie : mais cela n'empêche pas, que je ne me croye obligé de défendre la vérité & l'honneur de la Religion Chrêtienne, dont vous tâchez de détruire les fondemens dans vôtre Ecrit.

Je vous l'avoûëray franchement, la premiere fois que je le leus, je ne le crus pas digne d'une réponſe : ou du moins je me perſuaday, que n'ayant ni trop de loiſir, ni trop de ſanté, je ne devois pas me charger de ſatisfaire à toutes vos objections. Cependant vous m'en conjurez à la fin de cet Ecrit d'une maniere ſi forte, que je n'ay pû réſiſter à vos ſollicitations. Je consens donc à vous rendre un office de charité, comme vous l'appellez vous-mesme ; & j'y consens de tres-bon cœur, puisque ma réponse peut procurer de la tranquillité à vôtre ame. Permettez-moy toutefois de vous témoigner icy, que la nature de vos objections, & le tour que vous leur donnez, ne marquent point un esprit agité de doûtes. Mais je veux bien, par un principe de charité, vous en croire; & ensuite par un effet de cette mesme charité, vous donner quelques avis salutaires & desintéreſſez. Dans cette veuë, je m'en tiendray aux principes généraux, pour ne point perdre le temps à diſcuter tontes les difficultez que la chicane peut faire contre les véritez les plus conſtantes. Car quelque claire, quelque évidente que ſoit une choſe, un Sophiſte trouvera toûjours des raiſons d'en attaquer la certitude. Et ſi vous eſtes celuy pour qui je vous prens, vous n'ignorez pas, qu'il s'eſt trouvé des perſonnes, qui abuſans de leur éloquence & de leur eſprit, ont voulu „ prouver, Que rien n'exiſte dans le monde; Que ſi quelque choſe y exiſte, elle ne peut eſtre entiérement connuë de perſonne; ou qu'enfin ſi elle eſt compriſe par quelqu'un, celuy-là ne la ſçauroit faire comprendre à un autre.

Je n'ay pas deſſein de m'arrêter en ce lieu, à un détail peu utile de propoſitions extravagantes. Mille gens, doüez de qualitez admirables, ſe ſont exercez à détruire toute ſorte de certitude; ſoit qu'elle pût eſtre fondée ſur les ſens, ou ſur la raiſon. Mais s'enſuit il fort juſtement, que parce que je ne pourray répondre à toutes les ſubtilitez d'un Sceptique, il n'y a rien de certain au monde ? Jugez par-là, de l'injuſtice de vos prétenſions, de vouloir, qu'avant que d'examiner les preuves les plus eſſentielles de la Foy Chrêtienne, nous répondions par le menu à un nombre preſque infini de difficultez particuliéres que vous formez. La voye la plus raiſonnable que nous puiſſions prendre icy, eſt d'examiner, premiérement, s'il ſe trouve des motifs aſſez puiſſans, pour nous faire recevoir les véritez de l'Evangile. Enſuite il faudra peſer les raiſons, qui nous pourroient empêcher d'embraſſer ces veritez: Et aprés cela nous comparerons les motifs qui nous y convïent, avec ceux qui nous en détournent. Alors ſi les difficultez ne ſont pas aſſez importantes, pour étouffer la force des preuves, vous devez eſtre content de la Religion Chrêtienne; quand meſme on ne ſatisferoit pas à toutes les objections, qui peuvent eſtre faites contre les choſes contenuës dans les Livres ſacrez. Faites-y reflexion, je vous prie.

Un homme ne ſçauroit-il avoir cette Foy, par laquelle nous ſommes ſauvez, à moins qu'il ne ſoit capable d'éclaircir pluſieurs endroits de Chronologie, qui ſe trouvent dans la Bible; A moins qu'il ne puiſſe rendre compte de chaque loy, & de chaque coûtume particuliére des Juifs; A moins qu'il ne perce l'obſcurité des Propheties, ou qu'il ne diſe le nombre de la Bête? Que ſi un homme peut croire & eſtre ſauvé, ſans ſçavoir ces circonſtances, pourquoy les allegue-t-on contre les principes du Chriſtianisme? Souffrirez-vous que l'on nie, qu'il y ait une *matiére étenduë*, parce qu'il est comme impossible de résoudre plusieurs difficultez, qui regardent l'extension & la divisibilité de cette matiére? N'avons-nous pas assez de raison de croire l'existence de nôtre ame; encore que nous ignorions, par quel moyen une substance matérielle, & une substance immatérielle, telles que sont le corps & l'ame, peuvent estre unies, comme elles le sont? Douterons-nous que le Soleil nous éclaire, parce que nous ne ſçavons pas poſitivement ſi c'eſt la terre qui tourne, ou bien ſi c'eſt le Soleil luymeſme? Enfin rien ne peut-il eſtre conſtant, à moins que nous ne marquions les caractéres diſtinctifs & inconteſtables de vérité ou de fauſſeté, qui ſe rencontrent en toutes choſes. ? Vous voyez donc, que les choſes les plus conſtantes ne laiſſent pas d'avoir des difficultez; & que cependant pour eſtre aſſuré de la vérité de ces choſes, on ne ſe croit pas obligé de répondre à toutes ces difficultez. Car tant que les preuves l'emporteront de beaucoup ſur les objections, nous devons nous arrêter aux premiéres, & laiſſer le dénouëment des autres aux *Diſputeurs de ce ſiécle*, ou les renvoyer aux connoiſſances du ſiécle à venir. Appliquons à nôtre ſujet ce que nous venons de dire. Les Livres de Moïſe ſont d'une tres-grande antiquité. Ils ſont écrits en une langue, qui a un tour & des expreſſions particuliéres. En cet eſtat, n'eſt-il pas plus raiſonnable de penſer, qu'il peut y avoir, à l'égard des phraſes, des coûtumes, & de la ſupputation des temps, certaines obſcuritez, que nous ne ſçaurions comprendre: N'eſt-il pas, dis-je, plus raiſonnable d'avoir cette penſée, qu'il ne l'eſt de regarder les miracles de Moïſe, comme tout autant d'impoſtures; qu'il ne l'eſt de croire, qu'une loy, pour laquelle les plus ſages d'entre les Juifs ſe ſont mille fois ſacrifiez, n'a eſté qu'une tromperie? Ne vaut-il pas mieux nous défier de nos propres connoiſſances, à l'égard des actions & des expreſſions des Prophétes, que de traiter d'hypocrites & de fourbes des perſonnes, qui ont travaillé toute leur vie à chaſſer le vice du monde, & à y établir la vertu? Mais une choſe qui me ſurprend, & qui paſſe tout ce que l'on peut s'imaginer ſur ce ſujet, c'eſt que vous oſiez alleguer contre la divinité de l'Ecriture, les myſtéres & l'obſcurité du nombre de la beſte. Si vous en uſez de la ſorte, ſi vous ne feüilletez les Livres ſacrez, que dans le deſſein d'en tirer ce qu'il y a, ou d'obſcur, ou de difficile, afin que ces choſes jointes enſemble, la Bible paroiſſe un cahos de matieres mal digerées, vos intentions ne ſont pas ſincéres : vous ne cherchez point à vous inſtruire. Mais ſi au lieu d'accumuler ces obſcuritez, vous les ſeparez; ſi aprés les avoir ainſi ſeparées, vous les examinez avec toute l'application, & toute l'humilité poſſible, vos ſoupçons ſeront bien toſt diſſipez, & vos doûtes éclaircis. C'eſt alors que vous connoîtrez, qu'il n'y a rien dans l'Ecriture, qui demente le nom ſacré, qu'elle porte parmi nous. Mon avis eſt donc, que nous nous arrêtions au point le plus eſſentiel; c'eſt à dire, que nous examinions, *si la Religion Chrêtienne est de Dieu ou des hommes.* Car si l'on prouve qu'elle est de Dieu, toutes les autres difficultez se resoudront d'elles-mesmes; ou du moins un peu de connoissance & d'attachement les dissipera.

Mais avant que d'aller plus loin, il est juste, ce me semble, de poser icy les principes, dont nous convenons tous deux, & de marquer, aprés cela, les choses dans lesquelles nous differons.

Voicy les Principes sur lesquels nous sommes d'accord.

» 1. Qu'il y a un eſtre ab-
» ſolument parfait, & inde-
» pendant, lequel nous ap-
» pellons Dieu.

» 2. Que le monde a eſté
» crée au commencement
» par cet Eſtre ſouverain, &
» eſt encore gouverné par
» luy.

» 3. Que ce Dieu eſt telle-
» ment Saint, qu'il ne ſçau-
» roit eſtre auteur du peché;
» quoy qu'il ne nous empê-
» che pas toûjours de pecher.

» 4. Qu'il doit recevoir de
» nous un culte proportionné
» à ſa grandeur; & que ce
» culte conſiſte en nos loüan-
» ges, en nos actions de graces,

ées, en nos priéres, & en plusieurs autres actes de piété.

5. Que c'est la volonté de ce Dieu, que nous menions une vie sainte, innocente, & paisible.

6. Qu'encore que les hommes n'obeïssent pas parfaitement à sa volonté, il reçoit favorablement leur repentance, lors qu'elle est sincére; & qu'il se contente des efforts que nous faisons pour luy obeïr.

7. Qu'il y a dans l'autre monde, un estat de récompenses & de peines, qui répond à l'estat de sainteté ou

» de peché, auquel les hom-
» mes se sont trouvez pen-
» dant leur vie.
» 8. Qu'il y a dans le nou-
» veau Testament plusieurs
» excellens preceptes, qui
» nous portent à l'humilité
» & à la mortification, qui
» nous prescrivent les moyens
» d'honorer Dieu, aussi bien
» que ceux de nous acquiter
» des devoirs de la société ci-
» vile, & qui nous exhortent
» à mener une vie honneste;
» qui le font mesme avec
» bien plus de rigueur, qu'au-
» cune Religion ne l'a jamais
» fait.

Il ne reste donc que deux

points à examiner. Le premier, *Si les choses de fait, qui sont rapportées dans l'Ecriture Sainte, sont veritables.* Le second, si supposé *qu'elles le soient, elles suffisent pour prouver, que la doctrine Chrêtienne vient effectivement de Dieu.*

Pour ce qui regarde le premier poinct, je voudrois que vous m'eussiez marqué plus distinctement les raisons que vous avez d'en douter. Voicy à peu prés tout ce que vôtre discours me peut fournir sur ce sujet.

I. Que l'on ne sçauroit "
avoir de certitude d'une "

„ chofe, qui s'eſt paſſée en „ un ſiécle ſi fort éloigné du „ nôtre; parce qu'il s'eſt gliſſé „ dans le monde un nombre „ incroyable d'Hiſtoires fauſ- „ ſes & ſupposées. 2. Qu'il „ n'eſt pas hors d'apparence, „ que ces choſes ayent eſté „ écrites en un temps, où il „ ne ſe trouvoit perſonne ca- „ pable de les réfuter. C'eſt „ de la ſorte, *dites-vous*, que „ les Grecs, les Romains, les „ Egyptiens, & tant d'autres, „ ont eſté trompez par des „ impoſteurs, qui ont fait „ paſſer pour des Hiſtoires „ conſtantes, les Hiſtoires fa- „ buleuſes des Divinitez &

des Heros du Paganiſme. “
3. Que cela eſtoit tres-aiſé, “
au temps que l'Impreſſion “
eſtoit encore inconnuë ; & “
que les fraudes pieuſes des “
premiers Chrêtiens, ſuffiſent “
pour autoriſer tous les ſoup- “
çons que l'on peut avoir “
ſur ce ſujet. 4. Que pour “
établir de fauſſes révéla- “
tions & de faux miracles, “
on peut avoir mis en œuvre “
plus d'intrigues & plus d'im- “
poſtures, que nous n'en dé- “
couvrons à preſent. 5. Que “
le témoignage de l'Ecriture “
& celuy des Auteurs Chrê- “
tiens, ſont également à re- “
jetter , parce qu'on peut “

„ justement les soupçonner „ de partialité. Que pour ce „ qui est du passage de Joseph, „ il est suspect à la pluspart „ des Sçavans , qui ne dou- „ tent point que ce ne soit là „ une des fraudes pieuses des „ anciens Chrêtiens. 6. Que „ l'Histoire mesme de la Bible „ vous fournit des armes con- „ tre ceux qui la reconnois- „ sent pour la véritable pa- „ role de Dieu. Que vous „ y trouvez des contradic- „ tions entre plusieurs passa- „ ges ; peu de liaison entre la „ plusspart ; des promesses & „ des prédictions , qui n'ont „ point esté accomplies ; une obſcurité que les plus habiles ne peuvent percer; des foibleſſes en des perſonnes, qui devroient eſtre infaillibles; comme la vanité de ſaint Paul, & ſes diſputes avec ſaint Pierre, ou avec ſaint Barnabé. 7. Que pour avoir une puiſſance abſoluë ſur la conſcience des autres, & pour eſtre Chef de ſecte, on peut quelquesfois braver la mort. Qu'enfin les premiers Chrêtiens avoient eû le temps de faire un puiſſant parti, avant que la perſécution commençaſt; & qu'un intéreſt temporel les peut avoir fait agir.

C'eſt-là la ſubſtance des raiſons, qui vous font doûter de la vérité de nôtre Religion : Et plûtoſt que de croire ce que vous diſent les Apôtres, vous ajoûtez foy à de ſimples probabilitez, comme à des choſes inconteſtables.

Mais vos objections ne ſont pas auſſi ſolides, que vous vous l'imaginez. Peut-eſtre que dans la ſuite, vous vous trouverez contraint de changer de ſentiment, lors que je vous
„ feray voir. 1. Que des
„ choſes de fait, qui ſe ſont

paſſées

paſſées en un temps fort éloigné de nôtre ſiécle, peuvent néanmoins avoir des preuves ſi évidentes & ſi certaines, que l'on ſera convaincu de la vérité de ces choſes.

2. Qu'il n'y a point de raiſon légitime de ne pas croire les choſes de fait, qui ſont contenuës dans l'hiſtoire du Nouveau Teſtament.

3. Que les Apôtres ont donné autant de preuves de leur bonne foy, que l'on en pouvoit attendre d'eux ; & que jamais aucune choſe de fait n'a eſté,

ni mieux circonſtanciée, ni plus ſolidement établie, que le ſont celles qu'ils nous rapportent. D'où il s'enſuivra, que ce n'eſt pas la raiſon qui empêche quelques perſonnes d'embraſſer les véritez du Chriſtianiſme : mais plûtoſt, que c'eſt un eſprit ſoupçonneux & déraiſonnable, ou pour mieux dire, un aveuglement & un enteſtement prodigieux, qui les fait eſtre inſenſibles à des preuves ſi manifeſtes.

Je dis donc en premier lieu, que l'on peut donner des preuves ſi évidentes de la vérité de certaines choses, qui se sont passées en des siécles éloignez du nôtre, que des personnes raisonnables seront entiérement persuadées de la verité de ces choses. Vous soûtenez, que cela est impossible, à cause que nous ne sçavons pas positivement, combien ceux qui ont les premiers reçeû la doctrine du Christianisme, peuvent avoir esté trompez; Eux qui vivoient en un temps plus grossier & moins scrupuleux que le nôtre. Vous ajoûtez, que de l'aveu mesme de ceux qui ſçavent l'hiſtoire, pluſieurs impoſtures de ce genre ſe ſont long-temps ſoûtenuës dans le monde. C'eſt-là le même argument, dont ſe ſervent les Athées, pour combattre toutes les Religions. Mais ſi les tromperies qui ont eſté dans la pluſpart des Religions, ne peuvent rien contre l'exiſtence d'un Dieu, pourquoy auroient-elles quelque force contre la divinité de noſtre croyance ? Si le conſentement unanime de tous les hommes contribuë à faire reconnoître un Dieu, pourquoy le témoignage de toute l'Eglise Chrêtienne, un témoignage accompagné des circonstances qui peuvent le rendre valable, ne fera-t-il pas recevoir des choses purement de fait? ce qui est tout ce que je demande pour le présent. Doutons-nous de la vérité des choses, qui sont rapportées universellement par les Historiens Grecs & Romains, encore qu'elles ne soient appuyées, que sur le simple témoignage de ceux qui les ont écrites? Certes si les objections que vous faites aujourd'huy contre l'Histoire Sainte, ſont bien fondées, elles ont lieu contre les Hiſtoriens Prophanes. Comment, par exemple, ſçavons-nous, que Rome a autrefois mis ſous le joug une bonne partie de la terre ? de qui l'avons-nous appris, ſinon des Romains meſme; c'eſt-à-dire de perſonnes paſſionnées pour la gloire de leur Empire ? Peut-eſtre avons-nous perdu mille hiſtoires, qui réfutoient tout ce qu'on nous a laiſſé de la grandeur des Romains. Peut-eſtre Rome a eſté détruite par Carthage, & le monde ſubjugué par Annibal. Catilina peut avoir eſté un des plus honneſtes hommes de ſon temps. Les hiſtoires, qui nous apprennent le contraire de ces choſes, peuvent eſtre ou partiales, ou meſme entierement fabuleuſes. Peut-eſtre les Perſes ont toûjours vaincu Alexandre & ſes Macedoniens. Car enfin, ce que nous ſçavons des expéditions de ce Prince, ne nous vient originairement que des Grecs.

Pourquoy donc recevons-nous des choſes, dont la verité n'eſt pas trop certaine, lorſque nous en rejettons d'autres, qui ont pour ſe ſoûtenir, mille fois plus de preuves que celles-là? Seroit-il juſte de condamner les hiſtoires de chaque nation, à cauſe qu'elles ſont toutes écrites par des perſonnes du païs? C'eſt pourtant une conſéquence, qui ſe tire naturellement de vôtre principe; & ſelon vous on ne ſçauroit eſtre bien inſtruit d'aucune choſe. Car ſi les hiſtoires ſont écrites par des étrangers, oubien par des ennemis, nous avons ſujet de craindre que les Auteurs ne ſoient pas ſincéres, ou qu'ils ne ſoient pas exactement informez de ce qui ſe paſſe. Si elles ſont écrites par des amis, leur témoignage ne vous paroît pas digne de foy. L'Hiſtorien eſt un homme, qui tâche de vous tromper en faveur de ſa patrie ; & ſa connoiſſance vous eſt plus ſuſpecte que ne le ſera la haine, ou l'ignorance d'un autre. Où trouverons-nous donc des hiſtoires, ſoit anciennes, ſoit modernes, auſquelles l'on puiſſe ajoûter foy. Car elles ſeront toutes écrites par des amis, ou bien par des ennemis. Ainſi il n'y aura plus de foy , ny pour les choſes divines, ny pour les choſes humaines. Je n'approuve point une crédulité outrée : Mais je ne condamne pas moins une méfiance continuelle. Si celle-là eſt ridicule , celle-cy va juſq'uà la manie. Un homme prudent ne croira pas une choſe , ſimplement parce qu'elle peut eſtre vraye. Mais un homme de bon ſens n'en rejettera pas une autre , ſimplement , parce qu'elle peut eſtre fauſſe. On doit donc peſer meûrement les choſes , examiner les circonſtances de ce qui nous eſt proposé, & l'embraſſer ou le rejetter ſelon que ces circonſtances nous y porteront, ou nous en detourneront. Nous ſçavons que tout homme peut tromper, & eſtre trompé. Mais d'autre coſté, nous ſçavons, qu'il n'y a point de néceſſité abſoluë, qu'un homme trompe, ou qu'il ſoit trompé. Nous ſçavons qu'il y a au monde, ce que l'on appelle verité ; que bien que les hommes puiſſent tromper, ils ne trompent pas toûjours ; & qu'enfin on peut connoître, ſi l'on n'eſt pas trompé. Autrement il n'y auroit point de ſocieté, point de confiance, point d'amitié, point de ſeureté en la parole des gens. Quoy? parce qu'il eſt poſſible que le meilleur de mes amis me trompe; parce que l'on voit une extrême diſſimulation dans le monde, ſeray-je en des alarmes perpetuelles? Ne me fieray-je abſolument à perſonne? C'eſt là où tend ce que vous ſoûtenez: *Que l'on peut raiſonnablement révoquer en doûte ces choſes de fait; à cauſe qu'il y a eû pluſieurs impoſtures dans le monde, & qu'il peut y en avoir eû plus que nous n'en connoissons.* Certes si ce principe pernicieux est posé, & que l'on en tire les consequences, qui s'en tirent naturellement; il faut que la societé civile tombe d'elle-même. Car il n'y a point de Societé, qui ne soit fondée sur la supposition d'une fidélité réciproque. Or selon vous, on ne peut avoir aucune assûrance de la bonne foy des autres; parce que l'on ne sçauroit connoître leur intérieur. Comment donc arrive-t-il tous les jours, que nous confions & nos biens, &

nôtre vie même, à nos amis? Ainſi, quoy que l'on ne puiſſe pas connoître les gens à fond, il y a des marques viſibles de probité & d'honneur, ſur leſquelles nous oſons bien riſquer toutes choſes. Cette confiance ne ſe trouve pas ſimplement dans les Eſprits foibles. Les plus ſages ont toûjours eû quelque ami, à qui ils ſe fioient entiérement. Sans cela, on n'entreprendroit aucune affaire conſidérable. Les Grands ſe verroient dans la dure néceſſité de ne ſe ſervir de perſonne; Et toutefois ils ne font rien ſans le ſecours des petits. Enfin on mettroit ſa vie en la puiſſance de ceux par qui on ſe laiſſeroit approcher, & ſur tout en la puiſſance de ſes domeſtiques. De la ſorte, nous voilà en proye à des ſoupçons continuels, & nous allons prendre ombrage de tout le monde. Je vous laiſſe juger vous-meſme, ſi cette maniere d'agir ne ſeroit pas tout-à-fait déraiſonnable. Si elle l'eſt, il s'enſuit, que nonobſtant cette poſſibilité d'étre trompé, nous pouvons en de certaines occaſions nous fier aux autres, & faire fonds ſur leur probité.

Cela eſtant obtenu, il faut maintenant examiner, quels ſont les motifs, qui nous portent d'ordinaire à avoir une ſemblable confiance en de certaines perſonnes, parce que par tout, où les meſmes apparences de bonne foy ſe rencontreront, la meſme confiance aura lieu. D'abord il eſt facile de ſe perſuader, que ce n'eſt pas ſur la ſimple parole d'un homme, que nous-nous fions à luy. Il faut donc que nôtre confiance ſoit fondée, ou ſur la la reputation de fidelité, qu'il se sera acquise parmi des personnes de discernement, ou sur ce que nous en aurons éprouvé nous-mesmes. Ce dernier moyen ne comprend que nos propres connoissances, & ne s'étend pas fort loin. Au lieu que l'autre est général, & peut aller au delà de nôtre vie. Car il n'y a pas plus de difficulté à apprendre des choses de cette nature avec certitude, qu'à apprendre les sentimens d'un ami, lors qu'il sera à cent lieuës de nous. L'un & l'autre se doivent faire par le moyen de l'Ecriture. En ce cas, nous ne demandons que d'eſtre entiérement convaincus, que ces choſes ont eſté écrites par ces perſonnes, & que ces perſonnes ſont dignes de foy, en ce qu'elles écrivent. Par exemple, on voudra ſçavoir à fond l'hiſtoire de la guerre du Péloponnéſe, & l'on aura déja appris, que cette hiſtoire a eſté écrite par Thucydide, avec une grande exactitude. Il ne reſte plus rien à faire, que de s'informer, ſi Thucydide eſtoit capable de la bien écrire. Là deſſus on répondra, qu'il estoit extrêmement curieux, fort consideré en son temps, & selon toutes les apparences, tres-bien instruit des choses qu'il nous rapporte. Ensuite on demandera, si l'on doit ajoûter foy à ce qu'il écrit. Que pourrons-nous répondre à cela, si ce n'est, que son histoire a esté beaucoup estimée par tout ce qu'il y a eû de sçavans au monde depuis ce temps-là. Mais, me dira t-on, quelle assûrance nous donnerez-vous, que c'est-là effectivement l'histoire, qui a esté écrite par Thûcydide : car il a couru dans le monde un grand nombre d'Ecrits contrefaits. Je répons en premier lieu, que nous avons le consentement unanime des sçavans de tous les siécles. Mais outre cela, comparez vous-mesme le corps entier de cette histoire, avec les passages qui nous en restent dans quelques Auteurs. Examinez, si le style de ce que nous avons à present, répond bien au caractére que l'Antiquité nous a donné de Thucydide ; & confrontez avec les autres histoires autentiques du même temps, ce que vous trouvez dans celle-cy. Que ſi tout cela s'accorde, vous ne pouvez ſans injuſtice, vous diſpenſer de reconnoître pour la véritable hiſtoire de Thucydide, celle qui eſt receuë ſous ce nom. Tous les ſçavans tombent d'accord, qu'il y a eû un nombre incroyable d'Ecrits ſuppoſez; mais pour cela ils ne mettent point en queſtion, s'il y en a de legitimes. Par exemple, Anne de Viterbe nous a donné un faux Beroſe, un faux Manethon, & un faux Philon. Mais nous ne nous croyons point obligez de rejetter le vray Herodote, le vray Strabon, & le vray Pausanias. Quoy; parce que l'on a fait, à l'imitatió de Ciceron un traité de la *Consolation*, & que l'Italien qui en est auteur l'a mis dans les œuvres de ce grand homme, regarderons-nous comme autant de piéces supposées, tout ce qui nous reste de luy? Ou parce que l'on ignore, qui a écrit la Guerre d'Alexandrie, laquelle se trouve à la fin des Commentaires de Cesar, douterons-nous que ces Commentaires soient effectivement de Cesar ? Vous voyez donc, que non seulement nous pouvons estre convaincus de la bonne foy de ceux, avec lesquels nous vivons ; mais qu'encore tous ces Ecrits qu'on a supposez, n'empêchent pas que l'on ne puisse, par le témoignage des Historiens, estre sûrement instruit des choses qui se sont passées en un siécle éloigné du nôtre.

Vous me répondrez sans doute, que jusques-icy, j'ay « parlé de choses purement « historiques, à la verité ou « à la fausseté desquelles nous «

„ ne prenons pas un intéreſt
„ eſſentiel ; qu'ainſi nous les
„ recevons ſans de grandes
„ difficultez : Mais que pour
„ les choſes de la Religion,
„ comme nous en faiſons dé-
„ pendre nôtre bonheur ou
„ nôtre malheur éternel, il
„ ne les faut pas embraſſer
„ ſans des preuves beaucoup
„ plus ſolides.

Pour ſatisfaire à cette difficulté, je vous diray, que juſques-icy je me ſuis contenté de faire voir ; *Que nonobſtant la poſſibilité d'eſtre trompé, on peut raiſonnablement croire des choſes, qui ſe ſont faites il y a long-temps,*

&

& qui ont passé jusqu'à nous, de mesme maniere que les choses de fait, dont il est question.

Cela prouve manifestement, que des préjugez généraux, comme les vôtres, sont aussi injustes, qu'il se puisse Tout ce que j'ay donc demandé jusques-icy, c'est que vous ayez pour l'histoire de l'Evangile, la mesme foy, que vous avez pour l'histoire de Tacite, ou pour les autres histoires anciennes. Mais je vas plus loin maintenant. Je soûtiens, que vous estes plus obligé d'ajoûter foy à l'histoire de l'Evangile, qu'à toutes les autres hiſtoires ; & cela, à cauſe qu'il paroiſt viſiblement, par les choſes mêmes qui y ſont contenuës, qu'elle eſt une révélation de Dieu. Permettez-moy de vous demander icy premierement, s'il eſt contraire en quelque façon à l'idée, que vous vous formez de Dieu, que, pour faire connoître ſa volonté au monde, il ſe ſerve d'hommes ſujets à erreur. Secondement, ſi ces hommes, quoy que ſujets à erreur en eux-meſmes, peuvent ou eſtre trompez, ou nous tromper, lorſque Dieu nous fait connoître ſa volonté. En troiſiéme lieu, ſi, ſuppoſant que Dieu s'eſt ſervi de ces perſones-là, pour la fin dont nous venons de parler, ceux qui vivoient de leur temps, n'étoient pas dans l'obligation de les croire. Que s'ils n'ont pas eſté obligez de le faire, il faut, ou que Dieu manifeſte point du tout, ou qu'il réïtére, à cháque ſiécle, ſes révélations. Que s'ils l'ont eſté, l'obligation nous regarde auſſi-bien qu'eux, & nous devons croire ces perſonnes inſpirées, comme ſi nous avions vécu, ou converſé avec elles.

Je viens maintenant à mon ſecond point, qui eſt, qu'il n'y a point de légitime ſujét de doûter de la verité des choſes de fait, qui ſont contenuës dans les Livres du nouveau Teſtament. C'eſt une maxime généralement receûë, que le témoignage de pluſieurs perſonnes ſuffit, pour nous porter à croire les choſes, qui nous ſont propoſées, pourveû que nous n'ayons point de raiſons ſolides de le récuſer. Car il n'eſt pas d'une neceſſité abſoluë & indiſpenſable, que les hommes trompent, ou qu'ils ſoient trompez. Examinons donc en général, quels fondemens peuvent autoriſer nos ſoupçons, & s'il y en a aucun, qu'on puiſſe objecter contre le témoignage des Apôtres. Il eſt aiſé de réduire ces fondemens à quelques chefs. 1. Si ceux qui écrivent, ſont connus pour des gens artificieux, intriguans, diſſimulez; & s'ils ne font point conſçience d'avancer des fauſſetez, lors qu'ils en peuvent tirer avantage. 2. S'ils accommodent leur hiſtoire & leur doctrine, au genie & à l'humeur du peuple , qu'ils entreprennent de convertir. C'eſt ſur ce principe, que la loy de Mahomet permet , ou du moins ne défend pas la violence & les débauches. 3. S'ils choiſiſſent pour le ſujet de leur hiſtoire, des choſes qui ſe ſoient paſſées en un ſiécle ſi éloigné, que l'on ne puiſſe, ni rien prouver , ni rien condamner avec fondement. Telle a eſté la conduite des Brachmanes , à l'égard de leur *Brachma* & de leur *Veda*. Tel a eſté encore le procédé des Payens, dans l'introduction de leurs divinitez fabuleuſes. 4. S'il n'y a rien dans leurs Ecrits, qui ſoit démenti par toutes les hiſtoires autentiques du même temps. C'eſt par là qu'on a découvert les falſifications d'Anne de Viterbe. 5. S'il y a dans le corps de leur hiſtoire, des contradictions manifeſtes, ou des choſes incompatibles avec la majeſté, la ſainteté, & la fidélité, que l'on doit trouver dans une Révélation divine. C'eſt ſur ce pied, que nous rejettons les révélations prétenduës des Fanatiques. S'il ſe trouvoit dans les Livres du nouveau

Teſtament, quelque choſe de cette nature, j'avoüe, qu'on auroit raiſon de doûter de ce qui y eſt rapporté. Mais auſſi, comment pourra-t-on ne pas croire les Hiſtoriens ſacrez, ſi nous prouvons, comme nous le ferons, moyennant la grace de Dieu, que l'Ecriture eſt parfaite à tous ces égards.

1. Le premier point intereſſe la perſonne. Sur quoy il faut remarquer d'abord, que ceux qui veulent tromper les autres, doivent eſtre accoûtumez aux intrigues. Il faut de plus, qu'ils ne

manquent pas de crédit auprés du peuple, & qu'avant que d'entreprendre d'imposer au monde, en des choses aussi importantes, que le sont celles de la conscience, ils se soient déja attiré l'estime publique par d'autres moyens. Aussi voyons-nous, que les Athées accusent les plus fameux politiques, & les plus grands Législateurs, d'avoir introduit des cultes religieux, pour mettre les hommes sous le joug. C'est de la sorte, disent-ils, que Numa Pompilius, Licurgue, Xaca, Mahomet, se sont rendus si célébres ; eux qui ſçavoient en perfection l'art de tromper. C'eſt encore ainſi, ajoûtent-ils, que des Prêtres fort adroits ont ſçeu accommoder les eſperances & les craintes, au temperament & au génie d'une multitude ſuperſtitieuſe. De là ſont venuës tant d'impoſtures dans les Temples & dans les Oracles du Paganiſme. Mais y a t il de l'apparence, que l'on euſt choiſi les Apôtres, pour leur confier la conduite d'une affaire ſi importante ; eux, qui eſtoient des gens groſſiers, ſans experience, ſans lettres, ſans aucune pratique du monde, & par conſéquent incapables d'entrer, pour l'adreſſe, en parallelle avec le moindre des habitans de Jeruſalem; Certes il eſt au deſſus de la nature, que des perſonnes, contre leſquelles tout le monde ſe liguoit, & auſquelles tout le monde reprochoit une naiſſance peu honorable, une ignorance profonde, un eſprit groſſier, des maniéres baſſes; Que ces perſonnes, dis-je, ayent fait un ſi prodigieux changement dans l Univers; Qu'ils ayent aboli des cultes eſtablis depuis fort long-temps, & introduit une nouvelle Religion, lorſque tous les hommes s'eſtoient déclarez contre eux; Que les ennemis du Chriſtianiſme, tout éclairez & tout puiſſans qu'ils eſtoient, n'ayent pû empêcher la propagation de l'Evangile; Qu'enfin les Apôtres, avec toute leur ſimplicité., ſoient venus à bout, & de l'opiniatreté des Juifs, & de la prudence des Gentils. Si le fondateur de la Religion Chrêtienne, n'avoit point d'autre deſſein, que de ſe faire chef de Secte, quelle politique estoit là sienne, d'opposer douze ou treize personnes, sans crédit, & sans réputation, à tout ce qu'il y avoit au monde, de sage, d'éclairé, de puissant? Si les Apôtres avoient tant soit peu de sens commun, cela suffisoit pour les détourner d'un dessein, dont apparemment l'exécution leur parut d'abord impossible. S'ils n'en avoient point, sur quoy donc leurs espérances pouvoient-elles estre fondées; & comment se promettoient-ils un heureux succez, dans une entreprise si difficile? Que si la gloire les faisoit agir, ils en pouvoient acquerir en cent maniéres, moins douteuses, & moins dangereuses que celle-cy. D'ailleurs; quand nous supposons, que souvent on se sacrifie pour l'honneur, nous supposons en même temps, ce me semble, que l'on ne renonce jamais à la vie, tant qu'on peut la conserver avec gloire; & qu'enfin s'il se presente des occasions, qui nous procurent tout d'un coup de la réputation & du repos, nous les embrassons avec joye. Faisons maintenant l'application de cecy à ſaint Paul, que vous attaquez plus ſouvent que tous les autres; c'eſt à-dire, au ſeul Apôtre, qui ait eû une éducation avantageuſe. Vous n'ignorez pas, qu'il eſtoit trés-conſideré par le *Sanhedrim*, ou par le Grand Conſeil des Juifs; & qu'en continüant de perſécuter les Chrêtiens, il ſe fût en apparence, élevé à des dignitez éminentes. Pouvez-vous donc vous perſuader, qu'il ait renoncé à des eſpérances ſi bien fondées, & qu'il ſe ſoit joint à la Societé odieuſe des Chrêtiens, ſimplement pour eſtre l'un des chefs d'un ſi petit nombre de gens : Que même il en ait voulu acheter l'honneur par la perte de ſes amis, de ſon crédit, de ſa gloire, & de ſon repos; qu'enfin, dans cette ſimple conſidération, il ait conſenti de s'expoſer à mille perſécutions, ſous leſquelles il devoit bien s'attendre de ſuccomber. J'avouë, que des gens que l'on a trompez, & qui agiſſent de bonne foy, peuvent faire des choſes auſſi extraordinaires, que celles-cy. Mais j'ay de la peine à croire, que des persõnes, qui euſſent connû la la fausseté de tout cecy, eussent pû se résoudre à la défendre, avec tant de desavantage, & à ces risques: sur tout, lors qu'en ne l'entreprenant pas, ils se pouvoient rendre plus considerables, qu'en l'entreprenant. Il faudroit certes, que l'on eust une passion prodigieuse de tromper les autres, si, pour se satisfaire à cet égard, on sacrifioit ses interests, son repos, & sa vie même. Il n'y a donc gueres d'apparence, que les Apôtres fussent convaincus de la fausseté de ce qu'ils prêchoient avec tant de zéle. Si néanmoins ils en ont esté convaincus; il faut avouër, qu'ils estoient un genre d'Imposteurs assez singulier. Ceux qui se divertissent à abuser de la bonne foy des autres, ont accoûtumé de se servir de mille artifices. Le fard du langage, des maniéres insinuantes, une complaisance forcée, sont les voiles, dont ils couvrent leurs impostures. Par là, ils attirent dans le piége, ou les esprits foibles, ou les personnes, qui veulent estre flattées. Mais trouve-t-on rien de semblable dans les Apôtres? Quelle n'est pas leur intrépidité, lors qu'ils reprochent au grand Conſeil de Judée, la mort de Jeſus-Chriſt? Avec quel zéle & quelle ſimplicité, tâchent-ils de faire embraſſer les veritez du Chriſtianiſme? S'ils annoncent la réſurrection de Noſtre Seigneur, ils la propoſent comme un fait, dont ils ont eux-mêmes eſté témoins oculaires. C'eſt ſur ce témoignage, qu'ils prêchent la foy & la repentance, aux Juifs & aux Grecs. Jamais maniére d'agir a-t-elle eſté plus exempte d'artifice, que celle-cy? Et ne faut-il pas tomber d'accord, que si les Apôtres n'ont songé qu'à nous tromper, ils ont esté les plus subtils imposteurs du monde, d'avoir pris une conduite si peu propre à faire naître du soupçon. Mais des personnes élevées avec la simplicité, qui accompagna l'éducation des premiers Prédicateurs de l'Evangile, ne sont capables, ni d'une si profonde dissimulation, ni de tant de fard. Le principal caractére d'un Historien qui veut qu'on le croye est une fidelité, que l'on ne voye jamais chanceler. Privé d'une qualité ſi neceſſaire, il ſe rend ſuſpect aux perſonnes raiſonnables, & ne peut tromper que des eſprits trop faciles. Or cette fidelité, dont nous parlons, où ſe trouve-t elle avec plus d'éclat, que dans les Livres de l'Evangile ? La ſincerité y regne par tout. La diſſimulation, dans les choſes de la conſcience, y eſt étroitement défenduë. Toutes ſortes de détours y ſont condamnez ; & l'un des premiers preceptes de l'Ecriture, eſt de dire toûjours la verité. Mais, m'objectera-t-on, c'eſt-là un des

» plus grands artifices des
» Apôtres. Ils ne condam-
» nent si rigoureusement la
» mauvaise foy, que pour em-
» pecher, qu'on ne les en accuse. Je répondray là-dessus, que le soupçon est d'une nature si étrange que *Celuy qui donne des bornes à la mer*, peut difficilement en donner à un esprit ombrageux. Quand les hommes se laissent une fois aller à des soupçons déraisonnables, il est quasi impossible de les desabuser. Plus on fait d'effort pour cela, plus on augmente ces soupçons. Ainsi lors-

que, nonobstant toutes les preuves qu'on peut donner à ces gens de la bonne foy de celuy qui parle, on void qu'ils ne se veulent point rendre à la raison, il les faut abandonner à leur erreur. La maladie devient incurable en eux, aussitost qu'au lieu de juger de toutes choses selon la raison, ils s'obstinent à prendre ombrage de tout le monde, principalement de ceux qui tâchent de les éclaircir. En cet estat, il est inutile d'entreprendre de les détromper. On ne feroit que les rendre plus soupçonneux.

Le plus ſeur eſt donc de renoncer à tout commerce avec eux, & de les conſidérer comme des perſonnes deſeſperées. Ce qu'on doit conclure icy, c'eſt, que ſi les Apôtres ont agi avec une ſincerité manifeſte, s'ils ont donné autant de preuves de bonne foy, que jamais on en ait donné, il eſt injuſte de les accuſer d'avoir voulu impoſer aux autres.

2. Cela paroîtra encore davantage, lorſque nous examinerons le fond de leur doctrine, & les choſes qu'ils ont publiées. Si nous regar-

regardons le Chriſtianiſme, comme une choſe inventée par les Apôtres, pour des fins contraires à celles qu'ils nous ont marquées : il faut avoüer, qu'ils ont eû une adreſſe & une ſubtilité extraordinaire. Autrement, par quel moyen euſſent-ils pû, en tres-peu de temps, ſurmonter un ſi grand nombre de difficultez, forcer tant d'obſtacles, & planter leur Religion dans la Judée, & preſque dans toute l'étenduë du Paganiſme? Mais auſſi, d'un autre coſté, il eſt difficile d'examiner la nature de leur doctine, ſans y trouver mille raiſons, qui dé-truiſent cette premiere pen-ſée. Si le Chriſtianiſme eſt leur ouvrage, il a donc eſté en leur pouvoir de le faire plus favorable pour eux-meſmes? Mais bien loin qu'ils ayent eû un tel deſ-ſcin, on diroit qu'ils n'ont ſongé, qu'à introduire une Religion abſolument op-poſée au genie & aux in-clinations de tout le monde. Elle ne flatte, ni le volup-tueux, dans ſes plaiſirs; ni l'ambitieux, dans ſa paſſion déréglée pour les grandeurs; ni l'avare, dans ſa ſoif pour les richeſſes. Elle étouffe mesme ces passions dominantes, & ordonne de les réprimer : contraire en cela, à la Religion de Mahomet, qui autorise les mesmes passions, & semble n'avoir esté établie, que pour confirmer les hommes dans leur corruption naturelle. Le Christianisme ne s'accommodoit, ni à l'humeur, ou aux espérances des Juifs, ni au genie, où aux coûtumes des Payens. Les Iuifs attendãt alors un Sauveur mondain, pour les délivrer du joug des Romains, il n'eût pas été difficile de faire un grand nombre de Sectateurs, si l'on eust voulu ſe contenter de paſſer pour un Meſſie temporel. C'eſt ce que l'on a remarqué, dans la ſuite, en Barchocebas,& en pluſieurs autres. Mais au lieu d'un Prince puiſſant, on ne vit paroître qu'un Prince dans la pauvreté, & dans la ſouffrance. Ce fut là principalement ce qui les anima contre luy. Sa venuë, en un eſtat ſi contraire à leurs eſpérances, détruiſoit toutes les choſes, dont ils ſe flattoient depuis fort longtemps. Enfin, les Apôtres euſſent peut-eſtre rencontré moins d'oppoſition, s'ils eussent tâché de joindre la Loy de Moïse à celle de JESUS-CHRIST. C'est pourtant, ce dont S. Paul n'a jamais voulu entendre parler. Mais au moins, en rejettant le Peuple de Dieu, ils espéroient apparemment quelque secours des Gentils. Point du tout; & bien loin delà, ils leur reprochent en tous lieux leur idolâtrie. Ils n'eussent pas mesme pû se résoudre, ni à adopter quelques cérémonies du Paganisme, ni à manger de ce qui restoit des sacrifices. Si aprés cela, vous voulez encore, qu'ils ayent eû deſſein de faire une Secte toute nouvelle, & de ne la devoir qu'à eux-meſmes; Avoüez au moins, qu'ils pouvoient n'y rien meſler, qui les expoſaſt aux reproches & à l'infamie. Cependant, un Sauveur crucifié, cette partie la plus mépriſable de la Religion Chrêtienne, eſt le fondement de leur doctrine, & le ſujet de leur joye. Ils prêchent par tout cette Crucifixion; & quelque hóteuſe qu'elle paroiſſe en elle-meſme, ils l'élévent infiniment au deſſus de toute la ſageſſe, & de toute la Philoſophie des Grecs. Cette ſeule circonſtance retranchée, la Morale excellente de l'Evangile luy euſt ſans doute attiré l'admiration des plus éclairez d'entre les Payens. Mais les Apôtres eſtoient ſi éloignez de la retrancher, qu'ils ne vouloient pas meſme ſe ſervir de ces artifices loüables & innocens, que nous employons pour nous rendre recommandables. Ils négligoient le ſecours des ſciences humaines, de peur que l'on n'attribüaſt aux lumiéres de la nature, ce qui eſtoit purement l'effet de la Grace. Et lors qu'on voulut leur rendre un culte qui n'eſt deû qu'à Dieu, ces Saints Hommes, dépoüillez de tout ſentiment de vanité, ne virent qu'avec douleur, le fruit de l'aveuglement d'une populace. Sont-ce là, Monſieur, à vôtre avis, des actions de gens, qui n'ayent eû deſſein que de s'agrandir, & de parvenir aux honneurs mondains, en ſe faiſant Chefs d'une nouvelle Religion.

3. Des perſonnes, qui euſſent voulu tromper le monde, n'euſſent point donné l'Hiſtoire de l'Auteur de leur Réligion, ou l'euſſent miſe

à une ſi grande diſtance de temps, qu'il eût eſté impoſſible de les convaincre de fauſſeté. C'eſt ce qui a eſté pratiqué par les Payens, dont on ne pouvoit réfuter les Fables, qu'en montrant, qu'elles eſtoient incompatibles avec les principes les plus communs de la Religion. Mais les Apôtres en ont uſé autrement. Le fondement de leur doctrine eſt une choſe de fait, qui s'eſtoit paſſée depuis peu de temps, lors qu'ils commencérent à la publier. Tout le monde pouvoit, ou en ſçavoir, ou en apprendre les circonſtances. De ſorte que ſi le Chriſtianiſme eſt une pure fiction, il faut avoüer, que les Apôtres n'avoient guere de jugement de fonder toute leur intrigue, ſur des choſes où il eſtoit impoſſible d'impoſer aux autres. C'eſt de la Réſurrection de Jesus-Christ, que je parle icy: De cette Réſurrection, ſur laquelle roule toute la doctrine Chrêtienne, & toute l'hiſtoire de l'Evangile: De cette Réſurrection, que Jesus-Christ meſme avoit prédite, & que les Auteurs ſacrez ont tous regardée comme une confirmation solide de la vérité de leur Réligion. C'est, dis-je, cette Résurrection, qu'ils publient comme une chose, dont ils peuvent rendre témoignage ; ayant conversé quarante jours avec JESUS-CHRIST depuis sa Résurrection ; & ayant reçû de luy toute la certitude imaginable, que le Corps qui se presentoit à eux, n'estoit pas un Corps chimerique. De plus, JESUS-CHRIST n'est pas apparu à une personne, ou à deux personnes simplement, ni à des esprits trop faciles. Il est apparu à un certain nombre de gens, qui ne croyoient pas les choſes à la legére, & entre leſquels il ſe trouva un incredule, qui ne ſe rendit qu'aux preuves les plus certaines, & ne ſe voulut fier qu'à ſes ſens. Les Auteurs ſacrez ajoûtent, qu'il a eſté veû à une ſeule fois, par 500. fréres, dõt pluſieurs eſtoient encore vivans, lors que les Evangiles furent écrits. Quelle Religion s'eſt jamais miſe à la meſme épreuve, à l'éclairciſſement d'une choſe toute de fait, qui pouvoit eſtre prouvée, ou réfutée le plus aiſément du monde? Pourquoy *Armida*, *Brahma*, *Xaca*, ou les autres fondateurs des Réligions, qui ſont aujourd'huy en vogue dans les Indes Orientales; Pourquoy Orphée, Numa, & tant d'autres, qui ont introduit des cultes religieux parmi les Grecs & les Romains; Pourquoy enfin Mahomet, qui a tant fait de Sectateurs dans le monde, ne ſe ſont-ils pas expoſez à une épreuve auſſi naturelle & auſſi aiſée que celle-cy. Si vous me dites, que JESUS-CHRIST eſt apparu, non à ſes ennemis, mais à ſes amis, à des gens déja prévenus. Je vous répondray, qu'à la vérité, ils estoient tous ses amis; mais qu'il eut bien de la peine à leur faire croire ce qu'ils voyoiēt; & que ces premiéres incrédulitez furent, dans la suite, des preuves plus convaincantes de la certitude de ce miracle, que ne l'eust peut-estre esté le témoignage de ses plus grands ennemis. Car nous n'eussions eû que la simple parole de ces derniers: si pourtant ils eussent voulu nous la donner; ce qui paroîtra assez douteux, pour peu que l'on fasse réflexion sur leur conduite à l'égard des autres opérations miraculeuses de Jesus-Christ. Au lieu que les Ecrivains sacrez ont donné toutes les preuves imaginables de leur bonne foy. Ils en ont appellé aux personnes qui y avoient interest; à ceux, dis-je, qui avoient eû part à la mort de Jesus-Christ. Ils ont publié hautement cette glorieuse Résurrection. Ils ont protesté enfin, qu'ils mourroient plûtost que de la désavoüer. Quelle apparence, si les choses contenuës dans le nouveau Testament estoient autant d'impostures, que parmi un si grand nombre de personnes, il ne s'en fût pas trouvé une seule, que des menaces, des promesses, ou des récompenses, eussent pû porter à se retracter. Que si cela fust arrivé, les Juifs en auroient triomphé hautement, le nom de cette personne eût sans doûte esté transmis jusqu'à nous, par les Historiens Juifs ou Grecs, tous ennemis irreconciliables du nom Chrêtien. Cependant l'Antiquité observe un profond silence sur ce sujet. Bien loin

loin mesme qu'elle en dise contre nous autant qu'il faudroit, ainsi que vous l'insinüez, je vous assûre que le peu de force des objections que l'on a faites contre ce miracle, me le fait paroître encor plus certain.

Mais vous semblez estre persuadé, que l'Histoire de Iesus-Christ n'a esté inventée, que beaucoup aprés le temps auquel on prétend, qu'il est venu au monde. Vous pourriez aussi raisonnablement soûtenir, que Cesar est plus ancien que Romulus, ou qu'Auguste estoit au siége de Troye.

Car les meſmes raiſons, que vous alléguez icy, pour appuyer vôtre penſée, peuvent ſervir à détruire toutes les véritez hiſtoriques ; & ſur vos principes, Mahomet eſt auſſi juſte dans ſa Chronologie, que la Bible. Certes toute nôtre ſcience eſt inutile, ſi nous nous ſommes laiſſez tromper de la ſorte. Pour moy, j'aimerois autant avancer, que Henry IV. a eſté Empereur de Rome, ou que Charles-Quint a eſte fait Pape, & Luther Monarque des Turcs. Car s'il peut y avoir quelque choſe de certain, il eſt inconteſtable, que tout ce qui eſt rapporté dans le nouveau Teſtament, s'eſt paſſé au temps, auquel on ſoûtient qu'il a eſté fait.

4. Pour mettre encore nôtre Hiſtoire Sainte à l'épreuve la plus rigoureuſe, que l'on puiſſe s'imaginer, comparez là avec toutes les Hiſtoires du meſme-temps. Tâchez de m'y faire voir des contradictions. Par exemple, montrez-moy, qu'il n'y a point eû ſous Auguſte de dénombrement dans tout l'Empire; Q Herode ne vivoit pas en ce ſiecle-là; Que les Iuifs

n'eſtoient pas ſous la domination des Romains ; & qu'il n'y avoit parmi eux, ni grand ſacrificateur, ni Secte de Phariſiens, & de Sadduciens : Qu'enfin il y a dans le nouveau Teſtament des circonſtances eſſentielles, que l'on peut convaincre de fauſſeté. Alors, nous conſentirons que l'on faſſe quelque ſcrupule de recevoir l'Hiſtoire de l'Evangile. Mais auſſi l'on n'en doit point faire, ſi tout ce qui y eſt rapporté, s'accorde parfaitement avec ce que nous trouvons dans Ioſeph & dans les Hiſtoriens Romains. I'inſiſteray peu ſur le témoignage de Ioſeph, puiſque nous pouvons nous en paſſer. Ie diray ſeulement ſur cette matiére, que ſi l'on vouloit examiner avec la meſme rigueur, des paſſages de quelques Auteurs célébres, on auroit autant de peine à les défendre, qu'à défendre celuy-cy. Car il y a peu de gens, qui ne ſçachent que le paſſage, dont il s'agit, ſe trouve dans tous les anciens Manuſcrits. Cependant, me direz-vous, le paſſage de Ioſeph n'eſt pas dans ſon lieu, & il n'a aucune liaiſon,

ni avec ce qui précéde, n
avec ce qui ſuit. J'en tom
be d'accord, & c'eſt-là l'ob
jection la plus conſidérable
que l'on ait faite contre c
paſſage. Mais, je vous prie
eſt-il impoſſible, que Joſepl
ait manqué d'exactitude e
un endroit, & qu'il ait écri
ſans liaiſon. Je vous ay pour
tant déja dit, que ſon té
moignage nous eſt inutile
Nous avons d'ailleurs aſſe
de preuves de cette propo
ſition, *que les choſes de fai
qui ſont rapportées dans le nou
veau Teſtament, ſe ſont paſ
ſées au temps, que nous leu
marquons.*

D'abord, j'ay à vous produire le témoignage inconteſtable des ennemis du Chriſtianiſme. Ils nous aſſurent d'une voix, qu'un certain IESUS-CHRIST a eſté mis à mort, comme l'hiſtoire de l'Ecriture nous l'apprend. Tacite dit, que ſous l'Empereur Neron, les Chrêtiens furent perſécutez pour leur foy. Il ajoûte, que l'Auteur de leur Religion eſtoit un certain *Chriſt*, qui avoit ſouffert, du temps de Tibére, ſous Ponce Pilate, Gouverneur de Iudée. Ces paroles d'un Payen, ſont une preuve invincible de la certitude de ce que nous enseigne l'Evangile. Sur quoy il faut remarquer, que Tacite a rendu ce témoignage, en un temps auquel il estoit aisé de s'éclaircir de la vérité de l'Histoire de I. C. à cause qu'il y avoit à Rome un fort grand nombre de Iuifs. De plus, Iulien, Porphyre, Celse, Lucien, ni les autres n'ont jamais douté de la vérité de l'histoire mesme. Tout ce qu'ils ont reproché aux premiers Chrêtiens est, que ceux-cy attribüoient à Iesus-Christ trop de choses avantageuses. Il s'ensuit

suit donc, que JESUS-CHRIST a esté effectivement mis à mort, comme le marque Tacite : Qu'ainsi l'histoire de sa Vie & de sa Passion, n'est pas fausse de tout point ; & qu'il n'y en peut avoir qu'une partie, qui le soit. Or cette partie, que l'on auroit pû ajoûter au corps de l'histoire, y auroit esté ajoûtée, ou par les Apôtres, ou aprés eux. Ce n'a pû estre aprés eux. Autrement, elle y auroit esté ajoûtée, lors que la Religion Chrêtienne estoit répanduë presque par toute la terre, & sur tout estoit établie dans Rome, comme l'insinuë le passage de Tacite. Alors ceux qui avoient déja embrassé le Christianisme, eussent aisément découvert des faussetez de cette nature. D'ailleurs nous voyons, que Tertullien cite à tout moment les écrits autentiques des Apôtres; & ces écrits estoient publics de son temps, & contenoient les mesmes choses, que nous croyons. De cette sorte, il faudroit que les Apôtres eux-mesmes eussent inséré dans l'histoire de l'Evangile, les faussetez, que vous attribüez à leurs succeſſeurs. Or je m'en rapporte à vous. meſmes; s'ils l'euſſent fait, y euſt-il rien eû de plus aisé, que de les confondre, en un temps & en un lieu, où ſe trouvoient toutes les perſonnes intéreſſées à les ruiner. On peut ſur cela alléguer la hainn que les Juifs ont eûë de tout temps pour les Chrêtiens; & à mon avis, cette circonſtance fait beaucoup à nôtre ſujet. Ainſi on s'en peut ſervir pour prouver la vêrité des choſes, dont il s'agit. Les Juifs & les Chrêtiens recevoient également pour révélations divines, les révélations du vieux Teſtament. Les Chrêtiens croyoient de plus, que celuy, qu'ils appelloient JESUS-CHRIST, eſtoit le véritable Meſſie, promis par tous les Prophétes. IESUS-CHRIST a vêcu & eſt mort parmy les Iuifs, qui le haïſſoient mortellement. Ses Apôtres ont prêché & fait des miracles au milieu de leurs implacables ennemis; ce que des gens, qui euſſent voulu tromper les autres, euſſent évité avec ſoin. Aujourd'huy meſme, les Iuifs ne nient pas les choſes de fait, qui ſont rapportées dans les Evangiles, & dans les écrits des Apôtres. Ils les regardent ſeulement, comme des choſes trop foibles, pour les convaincre, que Ieſus de Nazaret eſt le véritable Meſſie. Enfin Mahomet, qui ſelon les apparences, auroit détruit la Réligion Chrêtienne, s'il en euſt trouvé un prétexte, parle avantageuſement de Ieſus-Chriſt, & louë hautement ſes paroles & ſes actions.

5. Ie dis enſuite, que dans la Réligion Chrêtienne, il n'y a rien d'injurieux à la Majeſté, à la Sainteté, & à la

vérité d'une révelation divine. Pour ce qui regarde les préceptes de l'Evangile, vous tombez vous-mesme d'accord qu'ils sont admirables. Pour les promesses, je ne croy pas qu'elles vous doivent paroître déraisonnables, puis qu'elles ne parlent, que des graces dont Dieu veut bien nous honorer icy-bas, & de la gloire, à la possession de laquelle il nous destine. Et qu'y a-t-il en cela, qui soit indigne de Dieu? Enfin, pour ce qui regarde la vérité de cette révélation, nous en avons toute la certitude possible. Cette simplicité, qui n'accompagne que rarement le mensonge, une candeur, une bonne foy manifeste en ceux qui écrivent, & une parfaite conformité entre eux, sont, ce me semble des assûrances, sur lesquelles on peut faire fonds. Ie croy, qu'une autre methode auroit paru plus agréable à certaines gens, qui voudroient, que tout eust esté écrit par la mesme plume, couché avec tant soit peu plus d'ordre, & relevé des couleurs & des ornemens de l'Eloquence. Mais ce foible éclat, qui se-

roit peut-eſtre favorable à
des productions de nôtre
eſprit, ne peut paroître avec
une révélation divine. Un
air ſimple & naturel à quelque choſe de plus grand,
qu'un air qui doit tout à
l'art. Ainſi, Dieu a fait écrire
ſa Parole en divers temps
& par diverſes perſonnes
afin que nous puſſions remarquer, que ces Ecrivains
ſacrez n'ont pas agi de con-
cert pour nous tromper; &
que cependant, tous éloi-
gnez qu'ils ont eſté les uns
des autres, ils s'accordent
exactement dans toutes les
choſes que nous devons

croire. *Mais*, me direz-vous, *ce Livre, pour lequel vous avez une si forte vénération, vous informe des foiblesses des Apôtres, de leurs querelles, & de leurs animositez.* Je l'avouë encore ; mais dites-moy, s'il vous plaist, où vous avez pû apprendre toutes ces choses. N'est-ce pas dans les Ecrits mesmes des Apôtres ? Et n'est-ce pas là une marque illustre de leur bonne foy? Comme on voit qu'ils ne s'épargnent pas eux-mesmes, on peut aisément juger, que leur grand dessein n'a pas esté de s'attirer des loüanges mondaines. Autrement, ils eussent eû soin de ne pas faire connoître leurs propres foiblesses. Saint Saint Paul parle avec avantage, de ses services, & de ses souffrances, il le fait en homme, qui sur le point de succomber sous la malice de ses ennemis, est contraint de s'appeller luy-mesme à son secours. Que trouvez-vous de condamnable dans ce procédé? Quoy! si un homme de courage se voit opprimé, l'empêcherez-vous de se défendre, en faisant un détail de toute sa vie? Nous ne nions pas, que les Apôtres n'ayent eû leurs foiblesses. Mais s'ensuit-il, pour cela, que Dieu n'ait pû employer leur ministere, pour se faire entendre aux hommes? Voyez où vous porte ce raisonnement. Vous ostez à Dieu la puissance de se servir des hommes, pour faire connoître sa volonté au monde. Vous le condamnez, pour ainsi dire, à ne pouvoir plus s'expliquer que par des Anges, ou bien par des voix du Ciel; à moins qu'il ne prenne nôtre nature, toutes les fois qu'il voudra se manifester à nous. Mais si vous avoüez qu'il nous peut parler par de ſimples hommes, avoüez en meſme-temps, que l'on ne ſçauroit trouver en d'autres perſonnes, plus de piété & de zéle, plus d'humilité & de mortification, plus de patience & de grandeur d'ame, plus d'innocence & de charité, que nous en voyons dans les Apôtres. Ils ont donc eû les véritables caractéres que doivent avoir des Ambaſſadeurs de Dieu. Et en effet, à ne regarder les choſes qu'humainement, ils ont ſurpaſſé les Philoſophes Payens dans la pratique des vertus Morales, quoy qu'ils eussent une éducation toute différente de la leur. Vous en serez persuadé, pour peu que vous soyez disposé à ajoûter foy à l'Histoire du nouveau Testament, de mesme maniére que vous ajoûtez foy aux Histoires de Xenophon, de Diogéne, Laërce, & de tous ceux qui ont parlé de ces Philosophes.

Que trouvez-vous dans le nouveau Testament, qui soit si incompatible avec la sagesse de Dieu? Je ne remarque, sur ce sujet, que deux choses dans l'Ecrit, que vous m'avez envoyé. Vous m'objectez, en premier lieu, qu'*encore que la continuation de la puissance des miracles eust esté promise en S. Marc,* Ch. 16. ℣. 16. & 17. *les miracles ont pourtant cessé.* En second lieu, vous opposez aux lumiéres de l'Evangile, *l'obscurité du passage, où il est parlé du nombre de la Beste.* Mais ces objections sont-elles assez importantes, pour vous faire révoquer en doute des révélations divines ? Ou bien n'y aura-t-il point du tout de révélations, à moins que vous ne compreniez parfaitement châque Prophétie, & l'étenduë de châque promesse. Ayez plus de charité pour vous-mesme, & plus de soin de vôtre salut, que de renoncer, sur de frivoles obscuritez, & à la remission des péchez, que doit attendre le Pénitent, & à l'espérance de la vie éternelle. Réjettez-vous tous les ouvrages de Platon, parce qu'il y a dans son Timée, des endroits, que vous n'entendez non plus que le nombre de 666.? Il faut certes, que vôtre foy soit bien délicate, si elle ne peut souffrir aucune difficulté. Mais craignez au moins, qu'un estomach qui ne veut plus prendre de nourriture, parce qu'il n'a pû digerer quelques alimens, ne perisse bien-tost de faim. C'est ce dont nous parlerons ailleurs.

Jusqu'icy, je n'ay encore que tâché de dissiper les soupçons, qui sont dans vôtre ame. Il est temps, que je vous montre quelles sont les preuves positives de la fidélité des Apôtres. J'ose vous dire là-dessus, que jamais aucune chose de fait, n'a eû plus de marques de vérité & de sincérité, qu'en ont les choses, dont nous sômes en question. D'abord, je suppose que toute la vérité de té de la Religion Chrêtienne, se reduit à une seule chose de fait, àsçavoir si JESUS-CHRIST *est ressuscité des morts, ou s'il est encore dans le tombeau.* Car, comme je vous l'ay déja dit, c'est principalement sur ce point, que les Apôtres ont insisté: ç'a esté là le fondement de tout ce qu'ils ont avancé; & ils ont eux-mesmes déclaré, que Dieu les avoit choisis, pour estre témoins de la résurrection de son fils.

La premiére démarche, que nous avons à faire icy, est d'examiner, quelles sont les plus fortes aſſûrances ; que des hommes puiſſent donner de leur bonne foy. Ces aſſûrances ſeront, ou des aſſûrances humaines, auſſi fortes qu'on ſe les puiſſe imaginer ; ou un témoignage ſurnaturel & infaillible ; c'eſt à-dire le témoignage de Dieu meſme. Or nous avons lieu d'eſtre ſatisfaits des Apôtres, à l'un & à l'autre de ces égards.

En premier lieu, les Apôtres nous ont donné autant de preuves de leur bonne foy, qu'ils eſtoient capables de nous en donner, comme hommes. Pour en eſtre convaincu, il n'y a qu'à voir ſi leur témoignage eſt accompagné de toutes les circonſtances, qui d'un conſentement général ſont inſéparables de la vérité. Car ſi toutes ces circonſtances ſe rencontrent, nous n'avons rien davantage à demander; puiſque des choſes, qui dépendent entiérement du témoignage, ne peuvent eſtre prouvées par des démonſtrations de Mathematique. Mais, quoy que ces ſortes de démonſtrations nous manquent, nous ne laiſſons pas d'avoir certains fondemens, qui nous engagent à croire certaines choſes, ſur le témoignage des hommes. Sans cela, il ne ſeroit pas poſſible de diſtinguer le vray du faux. Ce ſeroit détruire, par exemple, toutes les procédures de la Iuſtice, qui ſuppoſe non ſeulement, qu'il y a un témoignage véritable, quoy qu'humain ; mais encore, que l'on peut connoître, quand il eſt vray ; du moindre le connoître aſſez, pour pouvoir y ajoûter foy. Les circonſtances, dont nous parlons, ſe réduiſent à cinq chefs. 1°. Si l'on ne rend témoignage, que des choses, que l'on a veuës soy-mesme. 2°. Si l'on ne rend pas ce témoignage, longtemps aprés que ces choses se sont passées. 3°. Si l'on rend ce témoignage, en paroles claires, précises, & non ambiguës. 4°. Si un grand nombre de personnes concourt à rendre ce témoignage. 5°. Si les témoins abandonnent tout, plûtost que de se dédire de ce qu'ils ont avancé. Lors que toutes ces circonstances se rencontréront ensemble, il est humainement impossible, de donner de plus fortes assûrances de la vérité de ce qu'on dit. Examinons maintenant, si ces caracteres se trouvent tous, dans le témoignage que les Apôtres ont rendu de la Résurrection de J. C.

1°. Ils n'ont avancé que ce qu'ils ont veû. Toutes les Loix nous apprennent que des témoins oculaires sont bien plus dignes de foy, que d'autres témoins. Delà vient, que dans le corps du Droit Civil, il est dit, que le témoignage de ceux, qui n'ont fait qu'oüir, n'est pas bon selon les formes; parce, disent tous les Jurisconsultes, que des témoins doivent affirmer la vérité des choses, & non simplement leur possibilité. En effet, quand on voit les choses, on peut assûrer si elles sont, ou si elles ne sont pas: Au lieu que ce que l'on entend simplement, peut estre, & peut n'estre point. Aussi comme ce dernier témoignage n'est pas de fait, il est estimé moins certain que l'autre, & a besoin de quelques circonstances particuliéres, qui le confirment.

2. Les Apôtres n'ont rendu

témoignage,que de ce qu'ils avoient veû. Encore ne l'ont-ils rendu ce tèmoignage, qu'aprés avoir ſcrupuleuſement examiné, ſi ce qu'ils voyoient, eſtoit véritablement le Corps de IESUS-CHRIST. Il leur vint ſur ce ſujét des difficultez & des doutes, qu'ils voulurent éclaircir. De la ſorte,on ne les peut accuſer d'avoir eſté trop credules, & d'avoir creû, avec trop de précipitation, ce qu'ils annoncerent dans la ſuitte. Enfin, comme un corps eſt le véritable objét des ſens, & que les Apôtres voulurent connoître

tre par les ſens meſmes, ſi le corps qui ſe préſentoit à eux, eſtoit effectivement le Corps de JESUS-CHRIST, cette épreuve fut auſſi grande, & auſſi exacte qu'il ſe puiſſe : Sur tout, ſi l'on conſidére, que l'un d'entr'eux n'a voulu s'en rapporter qu'au ſens du toucher ; & a mis la main au coſté percé de Noſtre Seigneur.

2. Quand ils rendirent témoignage de ces choſes, elles n'eſtoient ſorties, ni de leur mémoire, ni de la memoire des autres hommes. Ce fut au contraire, lorſque l'impreſſion en étoit

encore toute fraiſche. Les euſſent-ils ſupprimées pendant quelque-temps, on auroit eſté en droit de leur dire, *ſi ces choſes ſont véritables, pourquoy ne nous les avez-vous pas annoncées, d'abord qu'elles ont eſté faites?* Mais au jour-meſme de la Pentecoſte, c'eſt-à-dire peu aprés l'Aſcenſion de JESUS-CHRIST, ils publient hardiment la vérité de ces choſes. Encore ne la publient-ils pas en des coins, à un petit nombre d'amis, mais dans les Aſſemblées les plus ſolemnelles de toute la nation des Juifs : c'eſt-à-dire dans un temps peu propre à tromper ce peuple.

3. Ils évitent avec ſoin, des termes, ou généraux, ou ambigus. Leur témoignage eſt auſſi net & auſſi intelligible, qu'on le puiſſe ſoûhaitter. Et afin que l'on ne donne pas un faux ſens à leur penſée, ils s'expliquent le plus clairement du monde. C'eſt, diſent-ils, ce Jeſus, *que Dieu a reſſuſcité; & nous ſommes tous témoins de ſa Réſurrection. Que toute la maiſon d'Iſraël ſçache donc certainement, que Dieu a fait Seigneur & Chriſt*, ce Jeſus *que vous avez crucifié.*

Est-ce là, à vostre avis, le langage de personnes qui veulent tromper les autres? Et des expressions plus équivoques, ou moins précises, vous paroîtroient-elles moins suspectes?

4. Si la Resurrection de Jesus-Christ n'avoit esté avancée que par un seul témoin, le monde auroit eû sujet de la revoquer en doute; parce que selon le Droict, *vox unius, vox nullius*, le témoignage d'un seul, est comme s'il n'y avoit point du tout de témoignage. Mais nous avons un grand nombre de témoins de la

Resurrection de nostre Sauveur. Les douze Apôtres en font la moindre partie. Cinq cens personnes à la fois ont veû JESUS-CHRIST ressuscité. Et il n'y a guéres d'apparence, si cette Resurrection eût esté fausse, que parmi tant de témoins, il ne s'en fust pas trouvé un seul, qui eust assez de probité, pour découvrir l'imposture.

5. Mais ce qui rend ce témoignage incomparablement plus certain, c'est qu'il n'y a pas eû un Apôtre, qui ne se soit exposé aux derniers dangers, plûtost que

de se dédire d'une vérité, dõt ils estoient si fortement persuadez. C'est encore, que parmi les simples fidelles, il y en a eû peu, qui n'eussent mieux aimé mourir, que de ne pas croire & de ne pas publier la Resurrection de leur Sauveur. Il est vray, que si les Juifs eussent esté froids dans les choses de la Religion, on eust pû les abuser, ou du moins gagner insensiblement assez de credit & de pouvoir, pour se soûtenir dans la suite. Mais à peine les Apôtres commencent-ils à paroître, qu'ils trouvent une opposition vigoureuse ; & que ceux en qui reside l'autorité souveraine, se liguent contre eux, & jurent leur perte. C'est alors qu'ils ont le choix, ou de supprimer les choses qu'ils annoncent, ou de s'attendre à estre cruellement persécutez. Mais sans faire réflexion, que le premier de ces partis leur promet des récompenses, ou tout au moins du repos, ils embrassent courageusement le dernier, qui les expose par tout aux souffrances, & à la persécution. Certes j'ay beaucoup de peine à m'imaginer, qu'un homme puiſſe eſtre aſſez enteſté d'une impoſture, pour luy ſacrifier toutes choſes, juſqu'à ſon propre repos, & juſqu'à ſa vie. Il ſe trouvera peut-eſtre des gens, qui profitant du credit qu'ils ſe ſont acquis, ou de la facilité des autres, tromperont le monde auſſi long-temps, qu'ils verront iour à le faire. Mais je doûte qu'il y en ait, qui vuëillent mourir, pour ſoûtenir un menſonge. Or il n'y a pas un Apôtre, qui n'ait cent fois hazardé ſa vie, pour deffendre la verité de la Reſurrection de ſon Sauveur; &

& des douze, l'Ecriture nous apprend qu'il n'y en a eû qu'un, qui n'ait pas souffert le martyre. Où trouverez-vous un exemple de cette nature ? Dans quelle histoire me montrera-t-on, qu'un si grand nombre de gens ait souffert la mort, avec tant de resolution, pour des faussetez, & des faussetez connuës d'eux mesmes.

II. Mais en second lieu, encore que le temoignage des Apôtres soit aussi fort qu'on le puisse humainement souhaiter, il a quelque chose qui le rend tout-à-fait incontestable : Je veux dire la confirmation de Dieu mesme, qui s'est expliqué par les opérations sur-naturelles de son esprit, & par les dons miraculeux, qu'il a voulu faire aux Apôtres. C'est-là infailliblement le témoignage le plus autentique, que nous devions esperer de la vérité d'une chose, parce que Dieu n'employera pas sa puissance pour tromper le monde. Et comme châque vérité a en soy une marque essentielle, à quoy on la reconnoist, nous pouvons dire que les miracles sont le caractere distinctif d'un témoignage divin. Car ſi l'on ſuppoſe, que Dieu nous manifeſte quelquefois ſa volonté, il eſt juſte, ce me ſemble, de poſer des marques inconteſtables, auſquelles nous diſtinguions, ce qui procede immediatement de Dieu, d'avec ce qui eſt des hommes. Et qu'y a-t-il, qui nous puiſſe mieux éclaircir ſur ce ſujet, que quand nous voyons un témoignage accompagné de choſes ſurnaturelles, que Dieu ſeul peut faire? Ie n'ignore pas, que vous me ferez pluſieurs objections là-deſſus? Mais il m'est aisé de vous répondre.

1 *Vous ne sçavez*, dites-vous, *ce que les miracles confirment : Car ce ne peut pas estre toute la doctrine ; puisque S. Paul mesme déclare, qu'il y a des choses, qui ne sont pas du Seigneur.* Ie réponds, que les miracles vous assûrent de la fidelité de celuy qui parle, & par consequent de la verité de sa doctrine : Ainsi tout ce qu'il vous annoncera de la part de Dieu, vous devez le recevoir comme venant de Dieu. Mais s'il fait luy-mesme une distinction, s'il

vous avertit, qu'il y a des choſes qui ne ſont pas de Dieu, il eſt tout-à-fait déraiſonnable de pretendre qu'il n'a rien du tout à vous dire de la part de Dieu. C'eſt plûtoſt là une marque de ſa bonne foy, qu'il ne vous contraigne pas de recevoir comme des veritez divines, des choſes, qu'il ne ſçait pas par revelation.

2. Vous voudriez que l'on vous marquaſt, *quelle doctrine particuliere eſt confirmée par les miracles;* *parce,* dites-vous, *que tous les Dogmes de l'Ecriture ſont dans une grande*

confusion. Mais quelle neceſſité, de ſeparer quelques articles, pour leur donner le ſceau des miracles? C'eſt la commiſſion divine de ceux qui ont charge d'enſeigner la volonté de Dieu, qui eſt confirmée par ces miracles. Or il eſt aiſé de connoître par les Ecrits de ces ſerviteurs de Dieu, quelles choſes ils ont enſeignées & publiées.

3. *Mais*, ajoûterez-vous, *Pourquoy les miracles ont-ils diſcontinué?* Ie réponds, que c'eſt à cauſe qu'il n'y a point de perſonnes employées à nous annoncer une nouvel-

le doctrine ; & que la promesse des miracles ne s'étend que jusques-là. Car les signes qui se faisoient dans les commencemens de l'Eglise, ne se faisoient que pour confirmer la Religion Chrêtienne, & pour l'établir dans le monde. Et comme elle y est établie, l'usage des miracles à dû cesser. Ainsi, demander, pourquoy Dieu ne les continuë pas, afin de nous convaincre que les premiers estoient vrays, c'est la mesme chose que demander, pourquoy Dieu ne crée pas un nouveau Soleil, pour convaincre les ennemis de son existence, que c'est luy qui a crée l'ancien.

Deut Ch. 13. v. 1. 5. *Mais*, poursuivez-vous, *l'Ecriture nous avertit, que les miracles ne sont pas toûjours des confirmations de la vérité d'une doctrine celeste, puisque de faux Prophetes peuvent faire des miracles.* Je réponds, que cela ne signifie rien, sinon qu'il ne faut pas reconnoître des miracles pour véritables, lors qu'ils sont contraires, ou aux principes de la Religion naturelle, ou à une Religion révélée, qui aura déja esté establie par des miracles

miracles plus ſolides. Ainſi, lors qu'il ſe trouvera des perſonnes, qui pour un ſigne particulier, rejetteront toute une ſuitte de miracles, par leſquels leur Religion aura eſté confirmée, on peut dire que ce ſont des gens indignes d'eſtre détrompez. Certes, je m'étonne que vous n'alleguiez contre les miracles de IESUS-CHRIST & de ſes Apôtres, les faux miracles d'un Impoſteur. Quand Dieu a fait les démarches néceſſaires pour nous perſuader, il peut juſtement nous abandonner à nos propres cõnoiſſances ; comme un Pere, qui aprés avoir montré à ſon fils toutes les différentes eſpeces de bonne monnoye, ſouffriroit qu'on luy en préſentaſt de fauſſes, pour voir s'il remarqueroit qu'on le trompe.

5. Vous me demanderez, peut-eſtre, *à quoy ſert le témoignage des miracles, pour ce qui regarde les Ecrits du nouveau Teſtament.* Je réponds deux choſes à cela, 1° Que les miracles prouvent incõteſtablement l'autorité de la doctrine, publiée par ceux qui les ont faits, comme JESUS-CHRIST

& ses Apôtres. 2°. Que s'il y avoit eû le moindre sujet de doûter de la vérité & de l'autorité des Ecrits sacrez, ils n'eussent jamais esté universellement receus, en un temps, où il estoit si facile & si nécessaire de s'éclaircir. Que si quelques-uns ont esté long-temps examinez, si au commencement quelques Eglises ont fait scrupule de les recevoir; c'est une circonstance avantageuse pour ces Ecrits, que par conséquent on n'a pas receus à la legére. Ce qui doit servir à nous confirmer dans la vénération que nous avons pour eux ; comme l'incredulité de S. Thomas nous fortifie dans la croyance de la Resurrection du Sauveur. Car les doutes & les soupçons des premiers siecles de l'Eglise, bien loin de devoir faire chanceller nostre Foy, nous doivent seulement persuader, qu'en ce temps-là, on ne recevoit pas aveuglement pour Ecrits Apostoliques, tout ce qui pouvoit passer sous ce nom.

6. *Mais au moins*, me direz-vous, *ces miracles ne prouvent rien à l'avantage du vieux Testament, qui a*

esté composé en un siécle tout-à fait grossier, & extrémement éloigné du nostre. Ie réponds que rien ne prouve davantage la divinité du vieux Testament, que le fait le nouveau Testament mesme. Car si le dernier est vray, il faut que le premier le soit aussi; puisque IESUS-CHRIST & ses Apôtres confirment par tout l'ancien Testament, & en appellent continuellement à Moïse & aux Prophetes. Ainsi les mesmes miracles, qui prouvent que le témoignage des Apôtres est véritable, prouvent que l'ancien Teſtament eſt d'autorité divine. Car il eſt expreſſément marqué dans le nouveau, que ſous la diſpenſation de la Loy, *les Saints Hommes, inſpirez de l'Eſprit de Dieu, avoient parlé.*

Aprés m'avoir fait toutes ces objections, vous me dites, que vous avez remarqué dans l'Ecriture, pluſieurs endroits qui ne peuvent eſtre de Dieu, comme des contradictions; des choſes incompatibles avec la Sageſſe de Dieu; des promeſſes qui ont eſté faites, & n'ont jamais eſté accomplies; des obſcuritez, auſquelles on ne peut rien comprendre. Ce ſont là comme quatre claſſes, ſous leſquelles vous rangez les paſſages, que vous avez tirez de l'Ecriture, pour nous en montrer l'abſurdité. I'y répondray avec ordre, & je commence par les contradictions.

1. Une contradiction, ſur laquelle vous triomphez, eſt, ſelon vous, entre la promeſſe faite à Abraham, & l'accompliſſement de cette meſme promeſſe. La promeſſe eſt rapportée dans la Geneſe, Chap. 15.

℣. 13. 14. 15. & 16. L'accomplissement de cette promeſſe ſe void dans l'Exode, Chap. 12. ℣. 40. & 41. Toute la force de vôtre argument, conſiſte à dire, que les Enfans d'Iſraël dëvoient eſtre 400. ans en Egypte, ſelon la Geneſe; & qu'ils y en ont eſté 430. ſelon l'Exode; mais que ces paſſages ſont également détruits par d'autres endroits de l'Ecriture, qui marquent, que les Iſraëlites n'ont pas eſté plus de 215. ans en Egypte. Vous ajoûtez, que meſme à compter les générations, & à les étendre autant qu'il

ſe

se peut, on ne trouvera „
que 350. ans. Comme vous „
faites un fond extraordinaire sur cette objection, je prétends y répondre distinctement, & vous faire voir combien vous vous abusez icy.

1. De vostre propre confession, si nous supposons, que les 430. ans commencent à l'alliance faite avec Abraham, l'accomplissement, dont parle l'Exode, tombe exactemẽt au temps, auquel la postérité d'Abraham sortit d'Egypte. Car vous faites voir vous-mesme par l'Ecriture, que de-

puis l'alliance traitée avec Abraham , jusqu'à la descente de Jacob en Egypte, il y a 215. ans; & que Kehat pouvoit estre âgé de cinq ans. Vous ajoûtez, qu'à l'âge de 70. ans, il engendra Amram; & qu'au mesme âge, Amram engẽdra Moïse. De sorte que si vous joignez à cela les 80. ans de Moïse, vous trouverez les 215. ans, qui achevent le nõbre parfait de 430. Jugez vous-mesme, Monsieur, si vostre accusation est bien fondée, & si vous ne devez pas vous reprocher d'avoir legérement imputé au vieux

Teſtament, des contradi-ctions en une choſe, qui de voſtre propre aveû, a eſté trés-exactement accomplie.

2. *Mais*, me direz-vous, *cette ſuppoſition eſt ridicule, & les propres termes de l'Ecriture la détruiſent abſolument. Ils portent, que la ſervitude d'Egypte devoit eſtre de 400. ans complets.* Il eſt aiſé de vous éclaircir ſur cette difficulté. Pour cet effet, nous n'avons qu'à examiner le véritable ſens, & le véritable but des paroles de la Geneſe & de l'Exode. Remarquez auparavant, qu'il

n'eſt point du tout parlé d'Egypte dans la Genéſe, & qu'il eſt ſeulement dit en general, *Ta ſemence demeurera en une Terre, qui n'eſt point ſienne: Elle y ſera aſſervie, & on la mal-traitera pendant l'eſpace de 400. ans.* Le deſſein de Dieu n'eſtoit pas alors d'apprendre préciſement à Abraham, combien de temps ſa poſterité ſeroit eſclave en Egypte; mais plûtoſt, combien il s'écouleroit de temps, avant qu'elle entraſt en poſſeſſion de la Terre de Canaan. Par la queſtió, que ce Patriarche a fait à Dieu, au 15. de la Genéſe,

℣. 8. il paroiſt, que d'abord il eſperoit voir luy meſme l'accompliſſement de cette promeſſe. Dieu luy répond là-deſſus, que cette Terre, dõt il luy promettoit la poſſeſſion, ne ſeroit donnée qu'à ſes deſcendans; qu'il faudroit attendre, que l'iniquité des habitans fuſt venuë au comble; ce qui ne devoit arriver qu'à la quatriéme génération; Qu'ainſi il ſe paſſeroit 400. ans, avant que la promeſſe fuſt accomplie; & que cependant, ſa poſtérité demeureroit en une Terre, qui ne ſeroit pas à elle, & y ſeroit

„ affligée & opprimée, jusqu'au temps qu'il luy marquoit. C'est là manifestement l'intention de Dieu, & voila le véritable sens d'une Prophétie, qui vous embarasse si fort, & qui ne vous embarasseroit point du tout, si vous y faisiez un peu plus de réflexion. Car nonobstant la promesse, les Patriarches ont toûjours considéré la Terre de Canaan, comme une Terre, où ils estoient étrangers. C'est dans cette pensée, qu'Abraham dit en quelque endroït, parlant aux Enfans de Heth, *Je suis étranger &*

Gen. 23. 4

Gen. 23. v. 4.

forain au milieu de vous. Et ce qui eſt de plus poſitif, c'eſt que dans la bénédiction donnée à Iacob par Iſaac ſon pere, que la promeſſe ſembloit regarder directement; il eſt dit, *Dieu te donne la bénédiction d'Abraham, à toy & à ta poſtérité aprés toy; afin que tu obtiennes en héritage la Terre, où tu es étranger, laquelle Dieu a donnée à Abraham.* Remarquez de plus, qu'icy le Texte ſacré ſe ſert, à l'égard du Patriarche Iacob, du meſme terme, dont il ſe ſert dans la Prophétie; & qu'ainſi long-temps aprés

la promesse, & lors que la semence d'Abraham s'étoit fort accruë, les Patriarches se regardoient cóme étrangers dans la Terre de Canaan. Aussi avoient-ils accoûtumé de l'appeller la Terre des Pélerinages, *Terra peregrinationum.* Et lors
Gen. 36.7. & 37.1. que Dieu alloit retirer son peuple d'Egypte, elle estoit encore appellée *Terre de Pé-*
Ex 6 4. *lerinage, où les Enfans d'Israël estoient étrangers.* De mesme le Pseaume, qui nous rapporte la promesse
Ps. 105. v 9. 10. 11. 11. & 13. faite à Abraham, à Isaac, & à Iacob, ajoûte, *que les Israëlites estoient en petit nom-*

bre, & étrangers en cette Terre, lors qu'ils passoient d'une nation sous une autre Nation. Cela éclaircit parfaitement bien la prédiction du premier Livre de Moïse; & nous montre, qu'on ne doit pas la restraindre au temps, que les Enfans d'Israël ont demeuré actuellement en Egypte : mais qu'on doit l'entendre de cette suite de pélerinages, sous laquelle ils devoient souffrir 400. ans entiers, avant que d'entrer en possession de la Terre de promesse. C'est-là, ce me semble, une explication assez naturelle de ces paroles. Que si elles vous ont parû embroüillées, c'est parce que vous n'avez point fait de reflexion sur leur véritable but. Ce but estoit de faire comprendre au Patriarche Abraham, combien il s'écouleroit de temps, avant l'accomplissement de la Prophétie, & en quel estat seroit cependant sa postérité ; à sçavoir, Que durant ce temps, les Israëlites n'auroient point de terre, qui leur appartinst par héritage ; qu'ils seroient affligez & opprimez ; qu'ils gémiroient mesme

dans la ſervitude ; Mais, „
qu'enfin la Nation, à la- „
quelle ils auroient eſté aſ- „
ſervis, tombant à ſon tour „
dans la ſouffrance, ils ſor- „
tiroient de leur eſclavage, „
avec de grands biens ; & „
que tout cela arriveroit à la „
quatriéme géneration, quād „
l'iniquité des Amorrhéens „
ſeroit parvenuë au comble. „
Or, quoy qu'il y euſt une trés-grande diſtance de temps, & que les conjonctures ne fuſſent point du tout favorables, ces choſes ont eſté ſi exactement accomplies, que l'on ne ſçauroit douter de la divi-

nité de cette promesse, à moins que d'estre dans un enteſtemẽt prodigieux. Car trouvons-nous rien de pareil dans les hiſtoires des autres Nations ? Il ſe fait une promeſſe d'une choſe, qui doit arriver au bout de 400. ans. La maniere dont cette choſe doit arriver, eſt prédite ; & tout arrive, comme il avoit eſté marqué. Tout arrive, dis-je, contre l'apparence & contre le raiſonnement humain. Les Iſraëlites ſortent du païs d'Egypte, en un temps auquel leur eſprit eſtoit entierement abbatu. Ils en ſortent meſme, lors que leurs ennemis eſtoient tout-puiſſans. Enfin, ils en ſortent le jour meſme que le temps marqué expiroit: *Et à la fin des 400. ans*, dit l'Exode, *au meſme jour qu'ils expiroient, toutes les Armées de l'Eternel ſortirent d'Egipte.* Contre cela vous objecterez, ſans doute, que l'Ecriture marque poſitivement, que le ſéjour d'Egypte a eſté de 430. ans; mais que cela ne ſçauroit eſtre; parce qu'il faudroit comprendre dans ces 430. ans, les années d'Abraham, d'Iſaac, & de Jacob, qui ne peu-

„ vent eſtre comptez pou
„ Enfans d'Iſraël. Ie réponds
qu'à la vérité, les 430. ar
commencent à l'allianc
traitée avec Abraham, con
me S. Paul nous l'apprer
dans ſon Epître aux Gal
tes; que de meſme les 40
ans commencent au temp
qu'il fut declaré qu'Iſa
eſtoit la véritable ſemenc
Car il ſe paſſa 30. années e
tre ces deux temps. Ma
on peut lever tout d'
coup la difficulté, en rec
vant l'interprétation d
copies les plus correct
des Septante. La voicy.
les jours que les Enfans d'

sraël furent en Egpyte † *& en Canaan, tant eux que leurs Peres, furent* 400. *ans.* C'est de la sorte qu'on lit ce passage dans la Bible manuscrite d'Alexandrie, qui se trouve en Angleterre, dans la Bible de Complut, dans Aldus, dans Eusebe, & dans S. Ierôme. De plus, cette explication estoit receuë du temps de S. Augustin, & l'a esté encore aprés luy. Que si neanmoins, malgré tant de témoignages, on ne lais-

† Ἡ δὲ παροίκησις τῶν υἱῶν Ἰσραὴλ, ἣν παρῴκησαν ἐν γῇ Αἰγύπτου, ꝗ ἐν γῇ Χαναὰν, αὐτοὶ ꝗ πατέρες αὐτῶν, ἔτη τετρακόσια τριάκοντα

ſoit pas de la regarder, comme une gloſe inſérée depuis peu dans le Texte, j'ajoûteray qu'elle ſe trouve dans la Bible Samaritaine, qui de l'aveu de ſes plus grands ennemis, eſt auſſi ancienne que Noſtre Sauveur. Enfin, ce qui confirme abſolument mon opinion, c'eſt que les Juifs, ces paſſionnez deffenſeurs de l'autorité de l'original Hébreu, donnent la meſme interpretation. Ils enſeignent tous, qu'on doit commencer à compter les 430. années, avant la deſcente de Iacob en Egypte. Et *Me-*

naſſé,

naſſé -Ben Iſraël - ſoûtient que les 430. ans commencent, à la promeſſe faite à Abraham ; & les 400. ans, à la naiſſance d'Iſaac. Tous les Chronologiſtes Hebreux ſont preſque d'accord ſur ce ſujet. Philon Juif eſt dans le meſme ſentiment, comme auſſi Joſeph. Il eſt vray, que dans ce dernier, il y a un paſſage, où il ſemble faire l'oppreſſion des Iſraëlites en Egypte de 400. ans. Mais lors qu'il vient à en parler de deſſein formé, il marque préciſement, qu'ils ont demeuré 215. ans en Egygte, & que les 430. ans se doivent compter du temps, qu'Abraham entra en Canaan. Le *Targum de Ionatham* commence les 430. ans à la vision d'Abraham, & les 400. ans à la naissance d'Isaac. Tout ce que je cite icy, est seulement pour vous faire voir, que les Auteurs Juifs concourent dans une mesme opinion avec les Septante & les Samaritains. C'est pourquoy, nous avons plus de sujet d'appréhender, qu'il ne manque quelque chose dans l'Hébreu, que de craindre que l'on ait ajoûté la moindre chose aux autres Bibles, dont nous venons de parler. *Mais*, direz-vous, *cecy ne diminuë-t il pas l'autorité de l'Ecriture*. Non assûrément: Car la question est uniquement de sçavoir, de quelle maniére on doit lire ce passage. Sur ce pied, ayant le concours des Samaritains, du Manuscrit d'Alexandrie, des autres manuscrits des Septante, de l'ancienne Eglise, & des Juifs mesmes, nous avons quelque raison de regarder la derniere interprétation, comme la meilleure, ou du moins comme la plus apparente.

Or ce n'eſt point là ajoûter à l'Ecriture; mais c'eſt ſeulement produire le Texte le plus autentique, ſans rien altérer à une choſe, qui eſtant la regle infaillible de noſtre foy, doit eſtre ſacrée & inviolable.

3. Outre cela, je ne voy pas ſur quel fondement vous pourriez accuſer l'Ecriture de contradiction, quand meſme on ſuppoſeroit, que les Enfans d'Iſraël ont dû eſtre quatre ſiécles entiers en Egypte. Cependant, lors que j'ay vû, que vous l'en oſiez accuſer, & ſi fréquemment, & ſi har-

diment, j'ay attendu de vous des démonstrations. Mais bien loin d'estre satisfait à cet égard, je n'ay rien trouvé qui pust justifier vostre accusation, mesme en accordant, que les 400. ans ont dû se passer actuellement en Egypte, *Toutefois*, me direz-vous, *Keath estoit âgé de cinq ans, lors qu'on descendit en Egypte: 65. ans aprés, il eut un fils nommé Amram, qui à l'âge de 70. ans engendra Moïse. Ioignez à cela les 80. ans de Moïse, & vous ne trouverez que 215. ans.* Mais puisque la Bible ne marque point précisément l'âge que ceux-cy pouvoient avoir, lors qu'ils engendrérent leurs enfans, je ne voy pas qu'il y ait de la contradiction à supposer, qu'il s'estoit pû passer 400. ans, depuis l'entrée de Levi en Egypte; jusqu'à l'an 80. de Moïse. Il en est à peu prés de mesme icy, que depuis l'entrée de Salomon en la Terre de Canaan, jusqu'à David. Car l'Histoire Sainte parle simplement de Booz, fils de Salmon par Rahab, d'Obed, & de Iessé. De sorte que de la mesme maniére, que l'on expliquera ce dernier paſſage, on expliquera le premier. On dit d'ordinaire ſur ce dernier, ou que Booz, Obed, & Jeſſé, n'engendrérent que dans un âge trés-avancé; ou que les Auteurs ſacrez ſe contentent, dans leurs Généalogies, de marquer les Peres les plus illuſtres. Et en effet, ils le font en la perſonne de Caleb, qu'ils appellent fils d'Eſron, bien qu'il y en euſt au moins un entr'eux. Mais pourquoy la meſme réponſe n'aura-t-elle pas lieu pour défendre l'Ecriture de la contradiction qu'on luy attribuë.

Vous eussiez pû estre mieux éclaircy sur cette matiére, si vous eussiez voulu vous donner la peine de consulter de sçavans Hommes, qui ont travaillé à justifier la Chronologie Sainte? Certes ils estoient fort éloignez de révoquer en doute, sur de si foibles difficultez, la vérité & l'autorité de l'Ecriture. Les Chronologistes ressemblent aux différentes Horloges d'une Ville. Elles s'accordent rarement; & il y en a de plus justes les unes que les autres. Il faudroit donc comparer toutes ces différentes Chronologies,

logies, avant que de prononcer ; ce qu'on ne doit faire, que quand on void, qu'aucune hypothese ne peut sauver les endroits, qui embarassent. Autrement, ce seroit blâmer le Soleil, à cause que vous ne pourriez accorder les Horloges. Ce passage ainsi expliqué, trouvez-vous, que ce soit là une véritable contradiction, & que vostre accusation soit bien fondée ? Si vous répondez, que vous avez un grand nombre d'autres contradictions, & que vous m'avez marqué celle-cy, simplement pour éprouver de quelle ſorte je m'en pourrois démeſler ; je vous prie, avant que d'aller plus loin, de faire avec moy les réflexions ſuivantes.

I. Que quelquefois des eſprits foibles, ignorans, & enteſtez de leurs premiéres opinions, regardent comme entiérement oppoſées, des choſes qui ceſſent de le paroiſtre, d'abord qu'on les examine ſans paſſion Un homme aveuglé de préjugez, trouve des contradictions par tout ; & ſoit impatience, ſoit mauvaiſe humeur, on luy verra cenſurer en un temps des choſes que peu aprés il trouvera raiſonnables. Pour moy, ſi j'avois le moindre penchant à la chicane, j'entreprendrois de montrer pluſieurs contradictions dans voſtre Ecrit, où cependant vous vous perſuadez ſans doute, qu'il n'y en a point. Certes, pour peu que l'on faſſe réflexion ſur les lumiéres & ſur la capacité de ces grands Hommes, qui ont pris des ſoins & des peines incroyables à nous expliquer l'Ecriture: Pour peu que d'un autre coſté, on conſidére les objections peu ſolides, qui ont eſté faites contre cette ſainte Parole de Dieu, on ne ſera pas long-temps à prendre party. Dans ces conſidérations, & dans ces rencontres, tout homme modéré s'abandonneroit à des ſentimens d'humilité. Il diroit apparemment en luy-meſme, *ſi tant de grands Hommes, des premiers & des derniers ſiecles de l'Egliſe, ont fait paroître une forte vénération pour l'Ecriture, aprés l'avoir examinée à fonds, c'eſt une marque qu'ils n'y ont point vû ces contradictions, que je penſe y voir. Peut-eſtre ne ſuis-je ſi ſoupçonneux, que faute de déſinte-*

ressement, de capacité, & de connoissance. Autrement, il faut accuser de mauvaise foy tous les siécles, & dire qu'ils ont esté assez peu sincéres, pour révérer l'Ecriture, bien qu'ils la sçûssent pleine de cōtradictions.

2. La seconde reflexion que je vous demande, est, *en quoy consiste la contradiction*: si c'est en des poincts essentiels, ou si ce n'est qu'en de legéres circonstances, qui regardent simplement le temps & le lieu. Ce que vous devez principalement chercher dans l'Ecriture, c'est les choses, dont elle fait dépendre vô-

tre salut. Si vous trouvez en ces choses une parfaite uniformité, vous avez, & ce qu'il faut croire, & ce qu'il faut pratiquer. Que si aprés tout cela, il reste encore quelque apparence de contradiction en des points qui ne sont pas essentiels que s'ensuivra-t-il au pis-aller? Il s'ensuivra, que les Ecrivains sacrez n'auront pas pris le mesme soin des choses, dont la connoissance n'estoit pas indispensablement requise, que des choses dont la connoissance estoit d'une nécessité absoluë. Enfin, comparez ces contra dictions prétenduës en des matiéres peu importantes, avec la conformité qui ſe trouve dans les matiéres eſſentielles ; & concluez vous-meſme delà, que le deſſein des Auteurs ſacrez n'a pû eſtre de nous tromper ? Car ceux qui veulent tromper les autres, prennent des ſoins tout extraordinaires, pour empeſcher qu'on ne les convainque de fauſſeté. Ils marquent juſqu'aux moindres circonſtances ; & ſouvent une exactitude outrée a fait naiſtre les ſoupçons, au lieu de les diſſiper.

3. Informez-vous, en troisiéme lieu, comment des personnes de capacité & de jugement ont réconcilié ces passages, qui vous paroissent si opposez. Car vous vous devez mettre dans l'esprit, que toutes vos objections ont esté faites mille & mille fois ; & que de ce grand nombre de difficultez, dont vostre Ecrit est grossi, il n'y en a point, qui n'ait esté discutée. Que si vous ne vous en voulez pas donner la peine ; si dans le dessein de chicaner ; vous vous attachez à des Auteurs peu suivis ; si vous pro

duisez leurs opinions, & leur témoignage, sans vous mettre en peine de ce que les autres ont dit de plus raisonnable, & de plus solide; il est difficile qu'on fasse de vous un jugement fort avantageux, On ne peut que vous accuser, ou de manque de discernement, ou de manque de bonne foy, l'un de choisir de si mauvais guides; & l'autre, de prendre avantage de tout contre l'Ecriture.

4. La derniére réfléxion, que je souhaite que vous fassiez, regarde la Chronologie des Anciens. Comme il

eſt preſque impoſſible de ſçavoir à fonds, de quelle maniére on comptoit en des temps ſi éloignez, nous ne devons pas eſtre auſſi ſévéres icy, qu'en d'autres rencontres. Il faut en particulier ſe ſouvenir, que les Copiſtes n'ont jamais plus commis de fautes, que dans les nombres. Sur ce pied, ne ſeroit-il pas injuſte, qu'un Livre, qui à cela prés, peut paſſer pour le meilleur Livre du monde, fuſt rejetté, ſimplement parce qu'il s'y trouveroit quelque différence dans la ſupputation des temps? Nous n'avons aucune connoiſſance parfaite de la Chronologie des Anciens Juifs. Nous ne ſommes guéres inſtruits de la nature de leurs années, & de leurs intercalations. Nous ne ſçavons pas au juſte, comment ils comptoient leurs générations, ni quel temps il faut marquer pour les interregnes. On ne doit donc pas prononcer ſur toutes ces choſes; & ce qu'on peut faire, eſt de montrer, que nos ſupputations ſont, ſinon juſtes, du moins probables. Or delà il ne s'enſuit rien, qui faſſe tort à l'autorité de l'Ecriture.

Venons maintenant à ces choſes, que vous trouvez ſi incompatibles avec la ſageſſe & la bonté de Dieu. Vous les tirez, ou des Loix qui ſont contenuës dans les Livres de Moïſe, ou de l'Hiſtoire expreſſe de la Bible, & des actions des Prophétes.

Pour ce qui regarde les Loix de Moyſe, voſtre premiére objection eſt contre le 21. de l'Exode, ℣. 7. dans lequel le Legiſlateur ſuppoſe, *qu'un Pere vendra ſa fille. Or*, dites-vous, *il n'eſt pas probable, que Dieu puiſſe permettre une action ſi horri-*

ble, qui marqueroit, ou une avarice prodigieuse, ou un manque effroyable de naturel. Mais vous ne faites pas réflexion, que ce n'est icy qu'une Loy provisionnelle. Ce n'est pas tant une permission, qu'un réglement fait en cas qu'un pere réduit à l'extrémité, fust contraint de vendre sa fille. Car c'est de la sorte que les Juifs l'entendent. La Loy donc déclare icy, qu'une fille qui seroit venduë, ne pouroit estre traitée comme esclave, mais qu'elle seroit fiancée à celuy qui l'acheteroit, ou à son fils. Or le but de cette Loy estoit d'empêcher, qu'on n'achetast, & qu'on ne vendist des filles, par un mouvement de volupté. Aussi les Juifs, qui apparément sont mieux instruits de la force de leurs Loix, que nous ne le sommes, disent là-dessus, qu'il n'estoit permis à un Pere de vendre sa fille, que quand il y avoit lieu de présumer qu'elle seroit épousée par celuy qui l'achetoit. Et une marque de celà, est qu'on n'avoit pas le pouvoir de vendre une fille à des gens, à qui la Loy ne permettoit pas de l'épouser. Ainsi ces ventes estoient regardées comme des Fiançailles, par lesquelles une jeune fille passoit sous la puissance & sous la tutelle d'un autre. Que s'il arrivoit qu'elle ne fust pas fiancée, elle devoit demeurer avec son Patron, six ans de minorité, comme l'expliquent les Juifs; à moins qu'on ne la rachetast, ou qu'elle ne fust affranchie, ou que son Maître ne vinst à mourir, ou bien que le Jubilé ne la tirast de servitude, ou que le temps de sa minorité, n'expirast. En second lieu, si nous supposons qu'il y ait une trespressante nécessité, je dis, que non seulement les Juifs, mais les Nations du monde les plus sages & les plus polies ont crû, que des Peres pouvoient, au besoin, tirer avantage de leurs enfans, & les vendre pour subvenir à leurs propres nécessitez. Par la Loy des douze Tables, un Romain estoit en droit de vendre son fils jusqu'à trois fois, si nous nous en rapportons à Denis d'Halicarnasse. Cette Coûtume a esté long-temps en usage parmi les Romains, qui la croyoient si nécessaire, que les *Decem-*

virs

virs n'oſérent la ſupprimer, lors qu'ils réformérent les anciennes Loix. Seulement, Numa Pompilius avoit un peu limité la puiſſance paternelle à cet égard; ordonnant qu'à l'avenir, les enfans ne pourroient plus eſtre vendus, d'abord que les peres leur auroient permis de ſe marier, Cette coûtume ſe conſerva dans l'Empire, juſqu'à l'entier eſtabliſſement du Chriſtïaniſme. Diocletien tâcha à la vérité de l'abolir; mais ſans ſuccez. Conſtantin fut obligé de déclarer, que les peres qui ſe trouveroient en

Cod. Th. l. 11. tit. 27 2.

une ſi grande extrémité, ſeroient ſoulagez des deniers publics. Mais cette ſage précaution n'eut pas le ſuccez qu'on en avoit attendu. Du temps meſme de Conſtantin, & peu aprés la publication de ſon Ordonnance, des Peres extraordinairement preſſez ne laiſſoient pas de faire valoir un ancien droict, ſoûtenu par une poſſeſſion de pluſieurs ſiécles. C'eſt ce qui paroiſt dans une Loy de l'Empereur Theodoſe. † On

† *Omnes quos parentum miſeranda fortuna in ſervitium, dum victum requirunt, ad dixit; ingenuitati priſtinæ reformentur. Cod. 3. tit. 3.*

vendoit principalement les enfans, lors qu'ils estoient encore *sanguinolenti*, comme s'exprime la Loy; c'est à-dire nouveau-nez. La mesme chose se pratiquoit à Athenes avant Solon; comme Plutarque le rapporte dans la vie de ce grand Législateur; & Philostrate nous en dit autant des Phrygiens. Enfin, nous sçavons, que cette coûtume a aujourd'huy cours parmi les Chinois; où un homme céde à d'autres son autorité sur ses enfans, lors qu'il se trouve hors d'estat d'entretenir sa famille. On peut

Cod. Th. l. 5. tit. 8.

l. 3. vit. App. Thy.

donner deux raiſons de cet uſage. 1°. L'obligation naturelle, oû ſont les enfans, de contribuer, autant qu'ils le peuvent, à ſauver de la pauvreté, ceux à qui ils doivent tout. 2°. L'apparence qu'il y a que ces enfans recevront une éducation plus avantageuſe, ſous des perſonnes, qui auront dequoy les entretenir. Auſſi eſt-ce dans cette derniere conſidération, qu'il y avoit une Loy chez les Thébains, par laquelle un pere, qui n'avoit pas aſſez de bien pour ſoûtenir ſa famille, eſtoit obligé de porter ses enfans au Magistrat, aussi-tost qu'ils estoient nez. Le Magistrat s'en chargeoit au nom de la Republique, & les distribuoit à des personnes capables de les nourrir. Ceux-cy prenoient soin de les élever; sans prétendre d'autre récompense de leurs peines, que les services de ces enfans.

Mais quoy qu'il en soit, direz-vous, *ce passage emporte une permission d'avoir plusieurs femmes; puis qu'il est dit*, « s'il luy donne une autre femme; il avouë, que « la Loy Mosaïque suppose l'usage de plusieurs femmes. Cependant elle ne le permet, ni ne le condamne formellement, en aucun endroit. Je ſçay d'un autre coſté, que le Nouveau Teſtament, comme plus parfait que le Vieux, a rétably le mariage, dans la pureté de ſon inſtitution. Mais d'ailleurs, vous auriez aſſez de peine à prouver, que l'uſage de pluſieurs femmes ſoit tellement oppoſé à la Loy de la Nature, que Moïſe l'ayant permis, cela ſuffiſe pour renverſer la divinité du Vieux Teſtament. Autrement il faudroit dire la meſme choſe du divorce, qui n'estoit permis aux Juifs, qu'à cause de la dureté de leur cœur. Tout ce qu'on doit donc conclure delà, c'est qu'il n'arrive pas toûjours, que Dieu exige sévérement les choses qui luy sont les plus agréables; mais que quelquefois il se relâche, dãs ses dispensations politiques, d'une perfection qu'il pourroit attendre de nous.

Une autre Loy que vous attaquez, est celle de l'épreuve des Vierges. Vous dites, que cette Loy blesse la pudeur naturelle; qu'outre cela, elle vous paroist peu certaine; & qu'ainsi elle est

Deut. Ch. 2. v. 13.

injurieuſe à la ſageſſe infinie de Dieu. C'eſt de la ſorte que pluſieurs coûtumes des premiers ſiécles du monde, & pluſieurs choſes qui ſont aujourd'huy en uſage chez les Orientaux, nous paroiſſent tout-à-fait étranges ; ou parce que nous n'y ſommes pas accoûtumez, ou parce que nous ne cónoiſſons pas les cauſes de leur établiſſement. Mais ſi cette modeſtie, que vous affectez quelquefois, étoit véritable, vous vous défieriez icy de l'idée que vous vous formez de ces coûtumes, & vous n'auriez garde de condamner

ner ſi hardiment celuy qui en eſt Auteur. Le ſens littéral de cette Loy vous choque-t-il ? Suivez l'interprétation de pluſieurs Juifs, qui diſent eux-meſmes, que ces paroles ſont figuratives, & qu'elles marquent ſimplement les preuves, que l'on produiſoit devant les Iuges, en faveur de l'accuſée. C'eſt ſans doute, dans cette veûë, que Ioſeph & Philon Iuif ne diſent pas un ſeul mot du drap ſoüillé, dont il eſt fait mention dans le paſſage du Deutéronome. Mais quand meſme nous ſuppoſerions, que l'on doit prendre cette

Loy dans un ſens ſimple & litéral, il n'eſt pas fort difficile de la juſtifier. On peut dire deux choſes ſur ce ſujet. La premiére eſt, qu'encore que cette maniére de prouver la virginité d'une fi le, ait paſſé pour fort incertaine dans l'eſprit de pluſieurs de nos Medecins, elle a eſté receuë dans l'Orient, par les plus ſçavans Naturaliſtes d'entre les Arabes. Et ſi nous voulons en croire des Ecrivains celebres, une ſemblable coûtume a eû cours parm les Egyptiens, & parmi pluſieurs autres peuples d'Affrique, auſſi bien que parmi les Arabes. Ainsi elle n'est, ni aussi contraire à la pudeur, ni aussi étrange, que vous le croyez; ou du moins, elle n'a pas esté estimée telle, par les peuples dont nous parlons. De plus, on peut avoir negligé de nous apprendre quelques circóstances de cette épreuve, qui la pourroient faire paroître moins surprenante. Par exemple, si de mesme qu'on le pratique dans l'Orient, les Iuifs se marioient assez jeunes, comme à l'âge de douze ans; ce qui eust rendû l'épreuve bien plus certaine. La seconde chose que j'allegue pour la deffense de cette Loy, est, que l'intention du Législateur a esté de prévenir les diffamations injustes; & que dans cette pensée, il a choisi un expédient capable d'intimider les calomniateurs. Sans cela, les hommes eussent trés-souvent accusé leurs femmes; tant parce qu'ils pouvoient se séparer d'elles; qu'à cause qu'elles ne devoient prétendre aucun doüaire, si on prouvoit qu'elles eussent esté corrompuës avant le mariage. Ainsi une épreuve de cette nature devoit se faire peu de temps aprés la consommation du mariage. Les amis y consentoient de part & d'autre ; & aprés que cette épreuve s'estoit faite, une femme ne pouvoit plus estre diffamée. Car en produisant les preuves, dont on estoit tombé d'accord, l'innocence de la femme estoit assez establie pour l'avenir. Enfin, je regarde cette Loy, comme les Juifs regardent la Loy de l'enfant Rebelle. Ils disent, qu'ils n'ont point d'exemple, que cette derniére ait esté mise en exécution ; à cause que la peine estoit si grande, qu'elle empêchoit de commettre le peché.

On peut presque dire la mesme chose de la Loy, que vous attaquez ensuite, & qui vous paroist si étrange. C'est de l'Eau de Jalousie, que je veux parler. Vous prétendez que cette Loy ne pouvoit qu'entretenir d'éternels soupçons dans l'esprit des Juifs, & fomenter leur jalousie. Mais au lieu de l'interpréter si peu favorablement, vous eussiez mieux fait de la regarder, comme une Loy sagement donnée,

pour prévenir des desordres domestiques. Car quand les commerces d'une femme devenoient suspects au mary, il l'exhortoit de les rompre. Que si elle refusoit de le satisfaire, il estoit en droit de luy faire boire l'Eau de Jalousie. Le dessein de Dieu, ainsi qu'il paroist par la Loy mesme, rapportée au Livre des Nombres, Ch. 5 v. 12.
a donc esté uniquement 13. &c.
d'empêcher, par une épreuve terrible, que les femmes ne s'abandonnassent à l'adultere, lors qu'elles croiroiét le pouvoir faire secrettement. Sur ce principe,

ne voulât pas que l'on vécust dans des soupçons continuels, & donnant lieu à une jalousie juste & bien fondée, (car c'est de la sorte, que l'entendent les Juifs, avec de grandes limitations) il a institué cette épreuve extraordinaire. Par là, les coupables estoient rigoureusement punies, où l'innocence reconnuë avec éclat. Or, dans tout cela, il n'y a rien qui soit injurieux à la sagesse de Dieu.

La derniére Loy que vous condamnez, est celle qui deffendoit de prester à intérest. Là-dessus, vous faites un long discours, pour montrer qu'on peut sans crime, tirer un certain profit de son argent. Mais tout ce discours est superflu ; & vous nous deviez prouver, qu'il n'a pas été en la puissance de Dieu, de deffendre cette maniére de faire profiter son bié. J'ajoûteray, que vous pouviez vous épargner le chagrin, que vous nous marquez icy. C'est assez inutilement, que vous plaignez les hommes, *d'estre aveuglez par la superstition, & contraints*, comme vous dites, *d'embrasser des nouveautez & des opinions chimériques*. Car si j'en croy vostre Ecrit, ceux qui frődent la superstition avec le plus de chaleur, ne sont pas toûjours les plus éclairez : Ils ont leurs foiblesses, aussi bien que nous ; & donnent souvent dans des imaginations extravagantes. Le résultat de vostre raisonnement, est que vous *nesçauriez vous persuader, que Dieu défende une chose, qui d'un costé nous est si utile, & de l'autre, est si indifférente en elle-mesme ; c'est à dire une augmentation modérée de nostre bien, que nous plaçons sur des terres, sur des maisons, dans le commerce, & en d'au-*

tres manières raisonnables & honnestes. Mais afin de ne me point embarasser en une question generale, je réponds à cela, que la deffense de prester à interest, avoit un fondemẽt politique, parmi les Iuifs, & estoit particuliere à ce peuple. C'est ce qui paroist par les propres termes de la Loy, *Tu ne presteras point à usure à ton frere, mais tu pourras prester à usure aux étrangers.* Sur quoy on peut remarquer d'abord, que de toutes les Loix, qui sont fondées, ou sur la Raison, ou sur la Morale, il ne s'en trouve point, qui ait une limitation de cette nature. Iamais, par exemple, Dieu n'a dit; *Tu ne commettras point adultere avec la femme de ton frere, mais tu pourras commettre adultere avec la femme d'un étranger*. Ainſi la raiſon particuliére, pour laquelle Dieu défend icy l'intéreſt aux Iuifs, ſe peut tirer de la ſituation de la Iudée. Cette Province n'eſt pas moüillée de la mer, comme *Tyr* & *Sidon*; & par conſéquent les Iuifs ne vivoient pas du commerce, comme les Habitans de ces deux Villes. Mais ils tiroient leur ſubſiſtance des fruits de la terre, ou de leurs beſtiaux. Or, ces revenus ne ſont ni auſſi prompts, ni auſſi grãds, que ceux du trafic ; & l'on euſt eû peine à en payer l'intéreſt de l'argent, qu'on eut emprunté. De cette ſorte, les Iuifs n'empruntoient, que quand la néceſſité les y contraignoit ; & Dieu ne pouvoit ſouffrir, que parmi ſon peuple, on profitaſt de la pauvreté des autres. Car il n'y avoit que les petits, qui fuſſent contraints d'emprunter pour les néceſſitez domeſtiques. Le commerce n'ayant point de lieu, les riches avoient toûjours de l'argent comptant, à moins qu'ils n'eussent presté leur argent aux Tyriens. Si donc on eust pris de l'intérest de ses propres compatriotes, ç'eust esté nécessairement des plus misérables. Ainsi, cette Loy que vous trouvez si injuste, est tout-à-fait raisonnable, à considérer la situation de la Iudée. Car peut-estre que si Dieu avoit placé les Iuifs sur la mer, où l'on ne vit que par le commerce, il ne leur eust pas deffendu de tirer de leur argent un profit réglé.

Ce sont là, Monsieur,

toutes les Loix, que vous produiſez, pour nous prouver, que le corps entier du Droict des Iuifs eſt injurieux à la ſageſſe de Dieu. Mais de grace, repaſſez un peu ce que nous venons de dire. Iugez à préſent vous-meſme, ſi vos objections ſont auſſi ſolides, que vous vous l'eſtes d'abord imaginé. Voyez d'un autre coſté, combien il brille de juſtice, de grandeur, de ſageſſe, & de bonté dans la conduite de Dieu. Alors, vous aurez ſans doûte honte d'avoir injurieuſement traité l'Auteur de ces Ordonnances, autrefois ſi juſtes, ſi néceſſaires, ſi avantageuſes, & ſi bien accommodées à l'eſtat des Iuifs.

Ie viens maintenant à examiner ce que vous objectez contre l'hiſtoire meſme de la Bible.

En premier lieu, vous paroiſſez extraordinairement choqué de ce paſſage, *Efface moy du Livre que tu as écrit* Vous tâchez de nous prouver que Moïſe a ſouhaitté d'eſtre damné ; & qu'ainſi il a demandé à Dieu une choſe extravagante, qui tenoit moins de l'inſpiratió, que de la fureur. Mais que direz-

direz-vous, ſi je vous montre, qu'il n'a point du tout ſongé à la damnation. En premier lieu, il ne ſe void rien de ſemblable, ni dans les verſets qui précédent, ni dans ceux qui ſuivent. D'ailleurs, le deſſein de ce chapitre eſt entiérement contraire à voſtre penſée. Tout y roule ſur des punitions temporelles. Il y eſt dit, que Dieu irrité par les péchez de ce peuple, le vouloit détruire ſur le champ. Moïſe intercéde pour ces malheureux. Il prie Dieu de l'effacer de ſon Livre. Mais ce Livre, qu'eſt ce autre choſe, que le *Rouleau*, où eſtoiēt écrits les noms de tous les Enfans d'Iſraël, qui devoient entrer en poſſeſſion de la Terre de Canaan? Car le terme de l'original, † ſignifie proprement un *Rouleau*, ou un *Regiſtre*. Delà vient † qu'au Pſeaume 69. ℣. 28. il y a *le Rouleau des vivans*, que nous tournons *le Livre des Vivans*. Vous en ſçavez apparemment la raiſon ; & vous ne devez pas ignorer, qu'anciennement tous les Livres eſtoient faits en rouleaux. Moïſe intercéde donc pour le peuple. Il conjure

†ספר חיים ספר

Dieu de se souvenir de sa promesse, & par conséquent d'introduire les Israëlites en la Terre de Canaan. Il tâche de faire propiciation pour le péché, que l'on a commis, & de sauver ceux que Dieu veut exterminer. Enfin, il aime bien mieux mourir, que de voir la ruine de tout son peuple. Dans cette pensée, il prie Dieu de l'effacer de son Livre; c'est-à-dire, de l'oster du monde. Sur cela, Dieu luy répond, *Quiconque aura péché contre moy, je le retrancheray de mon Livre*. Ce qui signifie la mesme chose, que ce qui eſt dit dans le Pſeaume, *Il jura en ſa colére, qu'ils n'entreroient point en ſon repos.* Selon cette interprétation, qui eſt aſſez naturelle, ce me ſemble, la longue déclamation que vous faites contre ceux qui ſouhaittent d'eſtre damnez, eſt tout-à-fait inutile; puiſque ni dans le texte, ni dans ce qui l'accompagne, il n'y a rien, qui ſoûtienne voſtre penſée.

L'Hiſtoire de Ruth vient enſuite; cette hiſtoire que vous trouvez ſi contraire à la modeſtie. Mais elle vous paroîtroit plus raiſonnable, si vous vouliez vous souvenir, que Ruth fait toutes ces démarches, sur les assûrances, qui luy avoient esté données par sa mere, que Booz avoit le droit de proximité; & par conséquent la devoit épouser. C'est ce qu'elle allégue à Booz dans le chap. 3. où il paroist manifestement, qu'elle le considéroit comme un homme, que la Loy mesme destinoit à estre son mary. Aussi Booz parle de Ruth, comme d'une femme trés vertueuse, reconnuë pour telle par tous les Habitans de la Ville. Il avoûë aprés cela, qu'il est son parent trés-proche; mais il ajoûte, qu'il y en a un plus proche que luy. Delà nous pouvons conclure, que s'il n'y eust point eû de parent plus proche que luy, il n'eust fait aucune difficulté d'épouser Ruth. Je joins à cela, que selon les Iuifs, on faisoit trés-peu de cérémonie en ces sortes de mariages; à moins que le plus proche parent ne renonçast à son droit. Car la Loy avoit reglé le mariage par avance. Cette seule considération pouvoit vous porter à ne point faire tant d'observations injurieuses ſur l'Hiſtoire de Ruth.

Il en eſt, de meſme du paſſage de Samüel, que vous condamnez comme un paſſage, qui autoriſe l'adultére, & l'inceſte, parce qu'il y eſt expreſſément dit, que Dieu donna à David les Femmes du Roy ſon maître. Mais, 1°. il eſt étrange de faire paſſer pour tolération de l'adultere, des choſes qui ne ſont dites à David, que pour luy faire connoître l'énormité de ce crime. Outre que vous auriez de la peine à nous montrer, que par la Loy de Moïſe, la polygamie ait eſté un adultére. 2. Quelques Iuifs fondez ſur le paſſage dont il eſt queſtion, ont prétendu, aprés *Rabbi Iehuda*, que la veûve d'un Roy pouvoit épouſer le ſucceſſeur de ce Roy. Les autres*, comme l'avance le *Gemara* ſur le titre *Sanhedrim*, ſoûtiennent que cela ne ſe pouvoit pas. Mais ils expliquent fort bien le paſſage de Samüel. Ils diſent, que le terme כשים de l'original déſigne plûtoſt des Filles d'honneur, que les Femmes de Saül. De maniére, que David pouvoit

* *Selden uxor Hebraica, l. 1. c. 10 Schick. de jure Reg. c. 16. Theor. 19.*

bien

bien les épouser, sans appréhender l'inceste. Enfin, de ceux mesmes, qui soûtiennent, qu'un Roy pouvoit épouser la femme de son prédécesseur, il y en a qui disent sur nostre passage, que par les femmes de Saül, il faut entendre, non celles qu'il avoit épousées, mais celles qui estoient de la famille Royale, comme Merab & Mical. Quoy qu'il en soit, toute la difficulté vient du sens qu'il faut donner à un mot extraordinaire; & en cela, il est raisonnable, ce me semble, de suivre l'interprétation des Juifs, préférablemét à toute autre.

Vous n'estes pas moins en colére contre le Prophéte Ozée, que contre David; & vous ne pouvez souffrir, dites-vous, qu'un homme considéré comme Saint, épouse une femme convaincuë d'adultére. Mais ces ombrages eussent esté dissipez en un moment, si vous vous fussiez souvenu, cóbien les similitudes sont fréquentes dás les Ecrits Prophétiques. On y représente souvent cóme faites, des choses qui ne l'ont jamais esté, & qui ne doivent jamais l'estre; le but du Prophéte estant seulement de faire plus d'impression par ces figures.

C'eſt ainſi que le Paraphraſte Chaldaïque interpréte ce paſſage. D'un autre coſté, *Maimonides* * ayant à parler des Similitudes en général, prend celle-cy pour exemple Enfin, les autres Interprétes Iuifs ſont dans le meſme ſentiment. Vous m'objecterez ſans doûte, que cette maniére d'enſeigner n'eſt pas trop ſeûre; & qu'elle ne fait qu'autoriſer le péché, & encourager les pécheurs. Mais elle eſt ſi éloignée de produire ce pernicieux effet, qu'au contraire elle nous apprend, combien le vice

* Maim. Mor. Nevcch. l. 2. ch. 46.

eſt odieux. Jcy, par exemple, l'intention d'Ozée a eſté de faire comprendre aux Iuifs, que l'idolâtrie, à laquelle ils s'abandonnoiẽt, eſtoit auſſi abominable devant Dieu, que le pouvoit être l'adultére. Il a voulu leur remontrer, que s'ils ne ſe repentoient promptement, ils ſeroient exterminez; & leur apprendre, que Dieu touché de compaſſion pour eux, en uſoit à leur égard, comme un homme qui auroit eſté trahi par ſa femme, & néanmoins ne s'en pourroit ſéparer qu'à regret. C'eſt ce qu'il fait dans le premier & dans le troisiéme Chapitre. Certes, je ne trouve rien icy, qui soit contraire aux bónes mœurs. Dieu ne peut-il pas citer un vice, dont la déformité est connuë, pour en désigner un plus énorme, que l'on regarde pourtant comme un peché fort leger? Ne peut-il pas comparer à des enfans nez par adultére, un peuple qui a entiérement dégéneré? Ne peut-il pas enfin, inventer des noms, qui marquent l'horreur que luy inspire un si grand péché; sur tout, quand ces noms sont clairement expliquez; comme ceux, dont il s'agit, le sont au Chap. 2.

Vous me répondrez apparemment, que cette histoire est tellement circonstanciée, qu'on ne se sçauroit empescher de la prendre pour une histoire véritable, & pour une matiére de fait. Mais la plus-part des similitudes, ne sont-elles pas de ce caractére? Voyez celle de Nathan à David; celle du Lazare & du Mauvais Riche: Celle de Jérémie, qui va cacher sa ceinture prés de l'Euphrate. Car je ne croy pas fort probable, qu'un Prophéte fasse tout exprés un voyage de trois ſemaines ou environ, pour cacher une ceinture, ſur les bords d'un fleuve éloigné ; & dans un païs ennemy. C'eſt ſans doûte de la ſorte, comme Maimonides le remarque, que l'on doit entendre ce qui eſt dit d'Ezechiel, qu'il demeura plus d'un an couché ſur un ſeul coſté ; qu'il ſe raſa la teſte & la barbe ; & qu'il fit de cette barbe & de ces cheveux, ce qui eſt marqué dans ſes Prophéties, chap. 5. C'eſt encore ainſi, que nous devons expliquer une autre action du mesme Prophéte, qui foüit les fondemens du Temple de Jerusalem, quoy qu'il fust alors à Babylone. Enfin, il y a dans l'Ecriture plusieurs histoires semblables, qui sont autant circonstanciées, que celle-cy, & qui ne passent toutefois que pour des histoires figuratives. I'avouë que cela nous doit sembler un peu étrange, à nous dont le stile & les expressions sont d'un tout autre caractere. Mais ces manieres de s'exprimer ont eû leur temps, quelque bizarres que nous les trouvions, & sont encore trésusitées dans l'Orient. C'est ce qu'on peut voir dans *Locman* & dans *PerZoés* pour les modernes; comme dans Clément Alexandrin pour les anciens.

Il reste à voir vos Objections contre le Nouveau Testament. Mais elles sont, & si foibles, & en si petit nombre, qu'elles ne m'occuperont pas long-temps.

La premiére est contre la discontinuation des miracles. Comme j'ay déja répondu sur cet article, je vous diray simplement, qu'il n'y a pas un seul mot dans les passages que vous citez, qui emporte une néceſſité, que les miracles ne diſcontinuënt jamais.

La ſeconde eſt contre le paſſage de S. Marc, chap. 10. ℣. 29. & 30. Là-deſſus, je vous diray, qu'il n'y eſt parlé, que d'une récompenſe temporelle, qui puiſſe eſtre compatible avec la perſécution. Ainſi cette récompenſe ne conſiſte principalemét qu'en une ſatisfaction intérieure, que les perſonnes de bon ſens préferent à tous les avantages extérieurs. Ce n'eſt pourtant pas à dire, que les fidelles ne joüiſſent jamais de ces avantages extérieurs. Dieu les leur accorde quelquefois ; témoin ce que dit S. Paul, qu'il leur donnoit toûjours en abondance, les choſes qui leur eſtoient néceſſaires ; *comme n'ayant rien, & néanmoins poſſédant toutes choſes.* Ce qui eſt le véritable centuple que nous pouvons eſperer en cette vie.

Mais vous eſtes aſſûrément le premier, qui ait jamais allégué l'obſcurité de l'Apocalypſe, pour détruire l'autorité de l'Ecriture. C'eſt à peu prés, comme ſi un homme rejettoit toutes les démonſtrations de Mathématique, à cause qu'on ne ſçauroit trouver la quadrature du Cercle. Ce Livre myſtérieux, contient à la vérité des choſes, qu'il ne nous eſt pas poſſible de pénétrer. Mais s'enſuit-il pour cela, que ni ce Livre, ni les autres Livres de l'Ecriture ne puiſſent eſtre d'une révélation divine. Mon deſſein n'eſt pas de vous pouſſer davantage ſur ce ſujet. J'aime beaucoup mieux vous laiſſer faire des réflexions ſur le peu de ſolidité d'un ſemblable raiſonnement, & ſur tout ce que j'ay écrit pour voſtre ſatisfaction. Si vous jugez

jugez à propos de me répondre, faites-le d'une maniére qui soit succincte, nette, & exempte de passion. Cependant, je prie la bonté Divine de vouloir vous illuminer, & vous faire reconnoistre les choses que vous devez croire, & celles que vous devez rejetter.

FIN.

PERMISSION.

VEu l'Atteſtation, Permis d'imprimer. Fait ce 18. Decembre 1680.

DE LA REYNIE.

www.ingramcontent.com/pod-product-compliance
Ingram Content Group UK Ltd.
Pitfield, Milton Keynes, MK11 3LW, UK
UKHW022054260726
13993UKWH00001B/102